HISTOIRE

ET

DESCRIPTION DE FALAISE.

Voici le portrait que Dumoulin trace de Guillaume-le-Conquérant, d'après les vieux Historiens qu'il avait consultés :

« Il estoit de haute taille, mais fort grosse, le visage plein
» et rouge, d'un regard assez désagréable, et qui montroit
» a découvert le feu de sa colere : il estoit chauve, avoit les
» membres gros, nerveux, et si forts, qu'il bandoit bien son
» arc estant à cheval, lequel a peine les plus forts faisoient
» ployer, etc. »

On peut voir, d'après ces détails, que le portrait que nous donnons du Héros de Falaise, doit en effet approcher de la vérité.

HISTOIRE

ET

DESCRIPTION DE FALAISE.

Par M. Fréd. GALERON.

Avec un *Portrait de Guillaume-le-Conquérant*, par
M. Ch. DE VAUQUELIN, et une *Vue du Château*,
par M. Albert D'OILLIAMSON.

A FALAISE,

CHEZ BRÉE L'AINÉ, IMPRIMEUR DU ROI, ÉDITEUR.

ET SE TROUVE :

A Caen, chez MANCEL, Libraire, rue St.-Jean ;
A Paris, chez LANCE, rue Croix-des-Petits-Champs,
N.º 5o.

1830.

Voici le portrait que Dumoulin trace de Guillaume-le-Conquérant, d'après les vieux Historiens qu'il avait consultés :

« Il estoit de haute taille, mais fort grosse, le visage plein
» et rouge, d'un regard assez désagréable, et qui montroit
» a découvert le feu de sa colere : il estoit chauve, avoit les
» membres gros, nerveux, et si forts, qu'il bandoit bien son
» arc estant à cheval, lequel a peine les plus forts faisoient
» ployer, etc. »

On peut voir, d'après ces détails, que le portrait que nous donnons du Héros de Falaise, doit en effet approcher de la vérité.

HISTOIRE

ET

DESCRIPTION DE FALAISE.

Par M. Fréd. GALERON.

Avec un *Portrait de Guillaume-le-Conquérant*, par
M. Ch. DE VAUQUELIN, et une *Vue du Château*,
par M. Albert D'OILLIAMSON.

A FALAISE,

CHEZ BRÉE L'AÎNÉ, IMPRIMEUR DU ROI, ÉDITEUR.

ET SE TROUVE :

A CAEN, chez MANCEL, Libraire, rue St.-Jean ;
A PARIS, chez LANCE, rue Croix-des-Petits-Champs,
N.º 50.

1830.

Le livre que je publie aujourd'hui, est un abrégé de celui que je donnai sur Falaise, il y a trois ans, dans la *Statistique* de cet arrondissement.

J'y ai mentionné plusieurs faits qui m'avaient échappé d'abord, et j'ai rectifié quelques légères erreurs qui s'étaient glissées dans les dates et dans les descriptions du premier travail. J'ai de plus ajouté en note, pour les curieux et pour les amis de la science, divers fragmens d'anciens Auteurs qui ont écrit sur Falaise, dans les 12.ᵉ, 13.ᵉ et 14.ᵉ siècles. J'ai tâché d'offrir ainsi, dans un cadre étroit, tout ce que cette ville offre de plus remarquable dans ses annales et dans son état présent.

Je ne me flatte point d'avoir fait un livre parfait, mais je crois du moins qu'il ne sera pas sans quelque intérêt et sans quelque utilité pour ceux qui voudront le parcourir avec un peu d'attention.

C'est aux voyageurs surtout que j'ai destiné cette esquisse, et à ceux des habitans de la ville et des environs, qui, n'ayant pas acquis l'ouvrage, un peu volumineux, que nous achevons de publier sur l'Arrondissement, désirent néanmoins connaître les faits principaux de l'histoire de ce pays, et avoir une juste idée de ce qu'il renferme. M. Langevin a fait paraître un volume de *Recherches* qui contient des renseignemens fort importans, et où j'ai puisé plusieurs des faits qui composent cette *Histoire*; mais malheureusement il a négligé les *descriptions*, et son livre, sous ce rapport, offre une lacune à l'observateur. S'il eût rempli cette tâche, je me serais gardé d'écrire après lui. Je n'ai pris la plume qu'après m'être assuré qu'il n'avait plus l'intention de rien ajouter à ce qu'il a publié sur Falaise jusqu'à ce jour.

M. G. F. Tessier, sous-préfet de Thionville, publiait, il y a deux ans, une Histoire de cette ville, à laquelle il est étranger, et voici ce qu'il insérait à cette occasion dans une introduction qui sert de préface à son livre :

« J'ai eu pour but essentiel de fairé connaître
» *Thionville* à ses propres citoyens ; je leur fais
» hommage de l'Histoire de leur ville ; après *neuf*
» *années* passées au milieu d'eux, c'est un trop
» faible témoignage du dévoûment que je leur
» porte, et de la reconnaissance que je leur dois. »

Que l'on substitue dans cette phrase les mots Falaise à Thionville, douze années à neuf années, et l'on aura toute l'expression de ma pensée dans la composition et dans la publication de cette

Histoire de Falaise. Sans doute elle est loin d'avoir le mérite de celle de M. Teßier ; mais les Falaisiens me rendront, j'espère, la justice de penser qu'elle a été inspirée par des sentimens de dévoûment non moins sincères, non moins désintéreßés que ceux qui animaient M. le sous-préfet de Thionville, quand il a donné son livre. Etranger, comme lui, à la ville dont j'ai retracé les annales, je me regarde maintenant comme étant devenu pour ainsi dire un de ses enfans d'adoption par un séjour de plus de douze années. Puißent mes nouveaux compatriotes vouloir bien me regarder de même au milieu d'eux, comme un frère et comme un ami...

F. G.

HISTOIRE

ET

DESCRIPTION DE FALAISE.

PREMIÈRE PARTIE.

HISTOIRE.

Falaise doit son nom aux rochers escarpés qui soutiennent sa forteresse. *Fales* est un mot du Nord, dont on a fait *Falesia* dans le moyen âge. La ville dut être fondée par les Normands dans le 10.ᵉ siècle.

Il est parlé de Falaise, pour la première fois, dans la *Chronique de Normandie*, à la date de l'an 946. Cette place était alors citée parmi les plus fortes de la province.

Le premier siége que soutint Falaise eut lieu vers l'an 1027. Richard III était duc de Normandie, et son frère Robert, s'étant révolté contre lui, s'empara de Falaise, et voulut s'y maintenir. Voici cet événement raconté par un contemporain :

« Robert méconnut l'autorité de son frère, et
» se renferma pour lui résister dans le château de
» Falaise avec ses satellites. Richard voulant ré-
» primer sans retard ses criminels efforts, et le
» ramener à l'obéissance, alla l'investir avec une
» nombreuse armée dans son château fort. Il battit
» quelque temps la muraille à l'aide de balistes et

» de béliers, jusqu'à ce que Robert, renonçant à
» sa rebellion, vint lui tendre la main. Ils re-
» nouèrent leur ancienne amitié, et se separèrent
» après avoir contracté une paix solide. » (1)

Peu de mois après, Richard mourut sans enfans,
et Robert, devenu duc de Normandie, choisit, à
ce qu'il paraît, Falaise pour le lieu de sa résidence
habituelle. Ce fut là qu'il connut Arlette, fille d'un
simple bourgeois, dont il devint amoureux, et
dont il eut le fameux Guillaume qui conquit plus
tard l'Angleterre. La *Chronique* a redit ainsi les
amours du duc et de la jeune Falaisienne :

« Advint une fois que le duc Robert estoit à Fa-
» loise, si vit la fille d'ung bourgeois de la ville,
» nommée Arleite. Cette fille fut belle, bonne et
» gracieuse, et pleut merveilleusement au duc Ro-
» bert, et tant qu'il la volt avoir a amie et la requist
» moult affectueusement a son pere. Ceste requeste
» le pere de prime face ne volt accorder. Et toutes
» voies fut du duc tant prié et requis, que par la
» tres grand amour et affeccion qu'il vit que le
» duc avoit à la pucelle sa fille, il y mist son con-
» sentement, et l'accorda au cas qu'il plairoit à la
» pucelle à laquelle il le dist. Et elle respondit :
» Mon pere, je suis votre enfant, vous pouvez or-
» donner, et je suis prête a accomplir a mon pou-
» voir votre vouloir. Et quand le duc le scent, si

<hr>

(1) Ce passage est de Guillaume de Jumièges. Nous avions
eu l'idée d'offrir dans le texte les extraits du *Roman de Rou*
qui s'y rapportent ; mais ils sont trop nombreux, et nous aurions fatigué le plus grand nombre des lecteurs. Nous les
donnons à la fin du volume, pour les curieux et pour les
voyageurs. (Voir le N.° 1.er sur le siége fait par Richard.)

» en eut moult grant joie. Et la nuit venue elle
» fut menée et convoyée jusques au lit du duc, et
» là fut laissie en la chambre fermée et moura
» seule avec le duc qui couchié estoit.... Quand le
» duc ot fait son plaisir d'elle et que ils orent parlé
» ensemble tant et si longuement que il leur pleut,
» Arleite se va en dormir et le duc la laissa reposer
» et commença a penser à moult de choses ; et
» comme il pensoit, la jeune dame va tressaillir
» et getter ung moult haut soupir. Et le duc la trait
» a lui et l'accole et lui demande qu'elle avoit.
» Monseigneur, dist-elle, je songeoie et ay songié
» que de mon corps il croissoit ung arbre contre
» le ciel, et que de son umbre toute Northmandie
» estoit couverte. C'est bien, dist le duc, n'en ayez
» paour, &c. »

Tel est le récit naïf de cet événement, que nous
aurions gâté en l'offrant dans un autre style. Nous
supprimons seulement quelques détails qui ne cho-
quaient point nos aïeux. (1)

On vit naître bientôt à Falaise celui que présa-
geait le songe de la jeune Arlette. Ce dut être vers
le milieu de l'an 1028. Son premier mouvement
décela l'énergie qu'il devait faire paraître un jour
dans toutes ses actions.

« Quand vint le temps que nature requiert Ar-
» leite eut ung fils qui fut appelé Guillaume. Lequel
» sitôt que il fut reçu, fut placé sur un peu de
» paille blanche et sans linge. Et alors commença
» l'enfant a pestiller et a tirer a lui la paille de ses
» mains tant que il en eut plein ses poings et ses

____

(1) On les retrouvera dans les vers de Wace, n.º 2 des Notes.

» bras. Par Dieu , dist alors la saige femme , cet en-
» fant commence jeune a acquérir et a amasser. » (1)

On éleva *honorablement* le petit Guillaume *à Faloise* , ajoute la Chronique , et Robert lui donna
tous ses soins , « tout ainsi comme s'il feust de son
» espeuse. » Un jour , dans son premier âge , il fut
rencontré dans une rue ou dans un *ostel* de la ville ,
par le vieux Talvas , seigneur de Séez et de Bellême , qui , voyant sa force , et l'ayant *longuement
contemplé* , s'écria : « Maudit sois-tu de Dieu , car
» par toi et ta race seront ma puissance et hon-
» neur abaissés. » Le vieux guerrier semblait ainsi
deviner le conquérant et le despote sous les traits
du jeune bâtard. (2)

On obtint à Falaise plusieurs établissemens importans de la libéralité du père de Guillaume. Ce
fut lui qui organisa la grande foire , et qui la plaça
sous les murs du château fort , un peu au-delà de
l'hôpital général actuel. Guibray toutefois existait
avant lui, comme Paroisse, et nous le retrouvons cité
dans une charte du 9.e siècle. (3) Robert dut encore
établir les fontaines publiques , en amenant dans
la ville les eaux du dehors au moyen de conduits
souterrains , et il passe pour avoir également fondé
le premier hôtel-Dieu qu'on ait vu dans cette enceinte. Tant de bienfaits reçus à une époque de
barbarie , ont rendu son nom cher aux habitans
de ce pays. Aucun monument toutefois ne paraît
lui avoir jamais été consacré dans Falaise , non
plus qu'à son illustre fils.

(1) Voir à la Note 3, le passage correspondant de Wace.
(2) Voir Note 4.   (3) Voir Note 5.

Robert mourut en revenant de la Palestine, après avoir régné huit ans. Il eut pour successeur le petit Guillaume, alors âgé de sept ans seulement. A la jeunesse de ce nouveau duc se rattachent des événemens auxquels Falaise n'est point étrangère.

Un seigneur d'Exmes s'étant révolté, s'empara de Falaise pour la livrer au roi de France. A cette nouvelle, Guillaume accourut de Rouen, où il se trouvait avec son gouverneur, et il assaillit le rebelle qu'il força de capituler. Le héros futur, dans cette occasion, fit ses premières armes sous les murs de sa ville natale. On put présager dès-lors ce qu'il deviendrait un jour. (1)

Bientôt les seigneurs du Cotentin ayant voulu s'insurger à leur tour, et s'emparer de sa personne, il vint se réfugier à Falaise, où il se regardait comme à l'abri de leur atteinte. De-là il se rendit à Rouen, d'où il vint fondre sur les rebelles qu'il surprit au Val-des-Dunes. Il fit dans cette journée un affreux carnage de ses ennemis. Il en tua de sa main un grand nombre dans le combat. (2)

Un peu plus tard, il eut à soutenir une campagne contre les ducs du Maine et d'Anjou, et Falaise, sa ville chérie, fut le point qu'il choisit pour préparer cette expédition. On assure que, pendant un siége qu'il dut alors livrer à Alençon, quelques soldats ayant eu l'imprudence de lui reprocher, du haut des murs, sa basse extraction, il jura de les en punir, et qu'il leur tint parole d'une manière cruelle. La ville prise, il leur fit couper le nez et les deux oreilles. Un tel acte eût terni la

(1) Voir Note 6.   (2) Voir Note 7.

plus belle victoire. Les malheureux avaient seulement crié : *La pel ! la pel !* rappelant ainsi que la mère du duc était fille, comme on le disait, d'un simple pelletier de Falaise. (1)

Vers l'an 1060, il y eut à Falaise une plus grande expédition préparée par Guillaume contre ses ennemis. Cette fois, ils étaient commandés par le roi de France en personne. Le héros normand, sans se laisser effrayer, quitta Falaise de nuit, alla se poster, avec sa troupe, dans la petite vallée de Bavent, non loin de Varaville ; puis, quand le moment fut venu, il fondit, avec ses braves, sur l'armée des princes ligués, qu'il sut mettre en fuite par la vigueur et la brusque impétuosité de son attaque. Jamais plus grand exploit n'avait signalé ses armes. Il força le roi Louis de quitter à grandes journées le sol de la Normandie. Le nom du vainqueur devint fameux et redouté dès-lors parmi les rois de l'Europe, qui apprirent à le connaître. (2)

Ce fut peu de temps après ce combat de Varaville que le fils de la pelletière Arlette conçut le projet de passer la mer et d'aller conquérir le puissant royaume d'Angleterre. Ses fidèles Falaisiens, qui ne l'avaient point quitté pendant ses premières campagnes, le suivirent également à cette mémorable expédition. Ils y parurent aux premiers rangs, d'après les chants des Bardes et les souvenirs de l'histoire. Nous ne pouvons redire ici les hauts faits de tous ces héros ; un tel sujet n'entre point dans un si petit cadre. Mais nous devons revendiquer, en passant, cette grande gloire de la Conquête pour

(1) Voir Note 8.   (2) Voir Note 9.

la ville qui mit au jour le plus étonnant génie de
ces siècles vraiment fameux. C'est de Falaise que
partit la lance qui terrassa le fier Anglais. A défaut
d'autre monument, il suffirait de faire flotter sur
nos murs une large inscription portant ces mots :

ICI NAQUIT LE VAINQUEUR DE L'ANGLETERRE.

Quelle ville de France ne serait jalouse d'un pareil
honneur ! (1)

Maintenant nous rappelerons que Guillaume,
au milieu de toutes ses grandeurs, n'oublia jamais,
ni les siens, ni la ville qui avait été leur berceau
commun. Il avait marié sa mère, dès les premiers
temps, avec un simple bourgeois, selon les uns,
avec un noble seigneur, selon les autres, et deux
frères lui étant survenus de cette union, il les avait
élevés aux plus grands honneurs de sa cour et de
son armée. Odon, l'aîné, était devenu évêque de
Bayeux; Robert, le jeune, avait eu le comté de
Mortain; tous deux reparaissent souvent dans les
pages de son histoire. Quant à sa mère Arlette,
elle se retira, dans sa vieillesse, aux bords de la
Seine, où elle fonda l'abbaye de Grestain, suivant
l'usage de ces temps religieux. Sa dépouille y fut
renfermée, et on l'y conserva long-temps. Telle
fut la destinée de cette famille extraordinaire.

Le roi Guillaume augmenta Falaise, dont il
étendit surtout et fortifia le château fort; il établit
la foire dans les champs où elle se voit maintenant
encore, et lui donna de grandes franchises; enfin,
il jeta les fondemens des églises de Guibray et de

(1) Voir Note 10.

St-Gervais. D'autres bienfaits ont échappé sans doute aux souvenirs , mais ceux-là méritent d'être cités. Le grand homme mourut à Rouen , dans la soixantième année de sa vie , et fut enterré dans la basilique de St.-Étienne de Caen , élevée par sa piété. Il faudrait, du reste, la plume d'un Tacite pour tracer dignement le tableau de ses grands travaux.

Robert, l'aîné de ses fils , eut la Normandie après lui, et Falaise ne fut pas tranquille tant que régna ce prince brave , mais sans caractère. Peu craint de ses barons , il guerroyait contre eux , et on le vit plus d'une fois sortir de cette enceinte, avec une armée , pour livrer des combats et des assauts à des seigneurs voisins qui bravèrent tous ses efforts. Ce fut ainsi que Vignats et Courcy résistèrent à sa puissance. Amant des aventures , il courut dans la Palestine où il se signala , et refusa la couronne que ceignit Godefroy de Bouillon. A son retour dans ses états , il eut avec son frère Henri des démêlés fâcheux , et la guerre arma le bras des deux frères. Ils en vinrent alors souvent aux mains , et Falaise les vit ainsi se mesurer ensemble aux pieds de ses tours. On dit que dans un de ces combats , l'avantage resta tout entier à l'aîné des princes. Henri vaincu se retira vers Cintheaux , où la paix faillit s'accomplir. Un événement rendit cet accord malheureusement inexécutable.

Il paraît que l'abbé du couvent de Saint-Pierre-sur-Dive feignit de vouloir rendre cette place au roi Henri , et le pressa de s'y rendre en personne, afin de s'en emparer. Henri s'approcha presque sans escorte ; mais informé qu'on l'allait trahir , il appela les siens et tomba sur les traîtres, parmi lesquels on reconnut des soldats du duc Robert. Celui-ci fut dès-lors soupçonné d'avoir pris part au complot, et Henri jura de se venger et de l'en punir. Toutefois n'osant l'attaquer de nouveau dans une place qu'il jugeait imprenable, il chercha à le tirer de Falaise pour l'amener en pleine campagne. L'imprudence et la témérité de Robert le servirent dans son dessein.

Robert alla chercher son frère dans la plaine de Tinchebray, et là, trahi par les siens, trahi par la fortune, il fut fait prisonnier, et devint la risée de ceux mêmes qui lui avaient promis de lui demeurer fidèles. Les Falaisiens seuls, dans ces jours funestes, lui gardèrent leurs sermens. Leur conduite fut trop digne d'éloges pour que nous la passions ici sous silence.

Robert leur avait confié son jeune fils en partant pour Tinchebray. Après sa défaite, non seulement ils ne voulurent point remettre le petit prince au vainqueur, mais ils déclarèrent même qu'ils ne lui rendraient point la ville avant que Robert n'y eût consenti. Il fallut donc que ce malheureux prince fût amené sous leurs portes, et qu'il leur envoyât son lieutenant, Guillaume de Ferrière, pour les décider à se soumettre au roi Henri. C'est ainsi que finit cette lutte déplorable, à la suite de laquelle le vaincu fut renfermé pour le reste de ses jours dans une dure prison. Il y demeura vingt-huit ans, livré au désespoir et maudissant ses destinées.

Ces événemens nous amènent jusqu'à la fin du 11.ᵉ siècle et les premières années du 12.ᵉ ; ce fut en l'année 1106 que fut livrée, entre les deux frères, la bataille de Tinchebray.

Sous Guillaume et son fils, le commerce de Falaise consista surtout én pelleteries. Cette industrie s'est maintenue jusqu'à nous dans la ville, avec des chances diverses.

Au temps de Henri I.er, roi des Anglais et duc des Normands, la ville jouit du repos durant vingt ans au moins, à ce qu'il paraît. Le prince y tint une assemblée de ses grands vassaux, en 1107, afin de rétablir la paix et l'union au milieu d'eux, s'il était possible. Plus tard, il fit saisir et emprisonner le fameux Robert, comte de Bellême, qui, devenu vicomte de Falaise, avait commis des exactions et des félonies dans ce gouvernement. Enfin, vers 1118, Henri revint à Falaise, pour soutenir de-là une lutte contre quelques seigneurs puissans qui s'étaient révoltés en faveur de son neveu Guillaume, et qui se trouvaient soutenus par le roi de France Louis-le-Gros. Henri déjoua les projets des rebelles, et brûla, entre autres, aux environs de cette ville, le château des Bailleul qui avaient bravé sa puissance. Ce fut pendant cette guerre qu'il déposa ses riches trésors dans le donjon de Falaise ; il les confiait ainsi au dévoûment de ces mêmes habitans qu'il avait jadis trouvés si fidèles aux malheurs de son frère Robert.

Sous Henri I.er fut fondé à Falaise un établissement de charité, que l'on convertit plus tard en monastère. Voici les détails touchans de cette pieuse et utile fondation :

« Un jour, pendant les rigueurs de l'hiver, deux

» pauvres arrivèrent à Falaise, et ayant cherché
» l'hospitalité dans la ville, ils ne purent l'obtenir.
» Ils en sortirent, et vinrent dans un lieu nommé
» *Bocei* (1) où personne ne voulut encore les recevoir.
» Ces hommes, apercevant la grange d'un bour-
» geois nommé Godefroi, fils de Rou, brisèrent la
» porte et s'y réfugièrent. Ils y allumèrent ensuite
» du feu, et ayant préparé de la farine qu'ils
» avoient, ils en firent du pain qui fut cuit sous
» la cendre. Mais l'un d'eux ne put en goûter, et,
» pendant la nuit, il mourut, soit par l'excès du
» froid, ou plutôt parce qu'ainsi Dieu le voulut. On
» annonça le lendemain à Godefroi qu'un pauvre
» avoit péri dans sa grange. A cette nouvelle, Go-
» defroi fut très-consterné; et comme il avoit beau-
» coup de prévoyance et de sagesse, et que l'amour
» de Dieu le touchoit, il réfléchit mûrement à ce
» qu'il devoit faire. Reconnoissant alors qu'il avoit
» été comblé de biens pendant tout le cours de sa
» vie, et qu'il avoit peu fait pour le salut de son
» âme; excité d'ailleurs par les conseils des âmes
» pieuses, il éleva un hôpital et une église sur le
» lieu même où avoit existé la grange. La consé-
» cration de l'église fut faite par Jean, évêque de
» Séez, l'an de grâce 1127, et elle fut dédiée au
» bienheureux Michel Archange. »

Nous avons cru devoir conserver cette pièce en
entier. Le pieux fondateur, Godefroy, se consacra

(1) Ce nom de *Bocel*, que portait l'emplacement actuel de
l'Abbatiale, semble indiquer qu'il y avait eu là une espèce de
bois ou de *bocage ;* une des portes de la ville qui y conduisait,
se nommait la porte *Bocel*.

ensuite lui-même au service des pauvres de Jésus-Christ, et mourut dans l'hôpital qu'il avait fondé vers 1134. Plus tard, des Augustins ayant été choisis pour desservir la maison, s'emparèrent des biens destinés aux malheureux, et s'en firent une dotation purement monacale. C'est cette institution, ainsi détournée de son premier objet, qui subsista jusqu'à la révolution de 1791, sous le nom d'*Abbaye de St.-Jean.*

Henri mourut à St.-Denis-de-Lyons, en 1135, et parmi ses legs on trouve une somme de 60,000 l. léguée à l'un de ses fils naturels, Robert de Thorigny, « sur le trésor que renfermait son château » de Falaise. » Ce château aurait été bâti par lui, si l'on en croit un historien. Mais cette assertion, évidemment inexacte, ne peut plus être aujourd'hui soutenue.

Il y eut à la mort de Henri une assez longue guerre pour sa succession entre son neveu Étienne et sa fille Mathilde. On vit Falaise, en cette occasion, se déclarer pour Étienne, et soutenir plusieurs siéges qui lui furent livrés par l'époux de Mathilde, nommé Geoffroy d'Anjou. Geoffroy tenta de nombreux assauts, que repoussèrent les habitans, soutenus par le brave Lucei qui les commandait. La place enfin se rendit, mais seulement quand Étienne lui-même eut abdiqué formellement, et donné l'ordre d'ouvrir les portes. Ainsi se renouvela ce bel exemple d'une inébranlable fidélité, qu'avaient offert déjà les Falaisiens, plus de trente ans auparavant, lors des malheurs de leur duc Robert.

Près de soixante années de paix suivirent ces événemens, et l'histoire nous donne peu de détails sur Falaise pendant cet espace d'un demi-siècle. Cette longue époque dut être marquée, selon toute apparence, par des prospérités intérieures.

Le fils de Geoffroy, Henri II, maître, comme son aïeul, de l'Angleterre et de la Normandie, vint, en 1159, passer à Falaise les jours de la solennité de Noël. Il avait avec lui cette Éléonore de Guyenne qui, avant de partager sa couche, avait été la femme du roi de France Louis VII. Celui-ci l'avait, dit-on, répudiée, à cause de ses galanteries, dans l'Orient, avec un jeune turc nommé Saladin.

Henri II séjourna de nouveau à Falaise en 1162, avec toute sa cour, et fit à cette occasion quelques donations aux religieux de St.-Jean. La charte qu'il leur accorda fut revêtue de la signature de Bequet, son chancelier, que l'on connut plus tard sous le nom de *Thomas de Cantorbéry.*

En 1172, le même Henri fit renfermer le roi d'Écosse dans le donjon de Falaise, avec le comte de Chester, et plusieurs seigneurs anglais et bretons qui avaient partagé la révolte de ses enfans. Les captifs furent long-temps retenus dans cette prison, et le roi ne les en laissa même sortir qu'au moment de la paix, et après leur avoir imposé les plus dures conditions.

Ce fut vers ce même temps que l'on vit s'élever dans la ville une léproserie pour les malheureux pélerins qui revenaient malades de l'Orient. L'emplacement de la maison se voit encore à Guibray, ainsi qu'une partie de l'ancienne chapelle qui remonte au temps de la fondation. On l'a vénérée

jusqu'à nos jours sous le nom et l'invocation de
S. Marc.

Nous arrivons maintenant au règne de ce Richard
qui fut surnommé *Cœur-de-Lion*, et qui vécut en
aventurier, sans avoir visité toutefois les divers
points de ses états, comme l'avaient fait jusqu'à
lui tous ses devanciers. Richard ne vint jamais à
Falaise, à ce qu'il paraît; mais de son temps s'établit dans la ville une maison de Templiers, au
lieu où se voit aujourd'hui l'imprimerie de M. Brée
l'aîné. On sait aussi que ce fut lui qui assigna le
château et la ville de Falaise, *castrum et villa*, pour
apanage à Bérengère, sa femme, qui devait en
jouir plus tard, à titre de douaire. La charte de
Richard se conserve dans nos archives.

Douze bourgeois furent appelés, quand ce roi fut
mort, pour déclarer, par serment, à combien
s'étaient élevés les revenus de la ville au moment
où il s'était embarqué pour la Palestine. Il est curieux de lire quel fut le résultat de cette infor-
mation :

« Les bourgeois jurèrent et déclarèrent que la
» ville, sans y comprendre la haute justice, les
» héritages acquis au roi faute d'héritiers, la vi-
» comté et le barnage, dont on rendoit compte au
» tribunal supérieur de Caen, valoit dans le temps
» que le roi s'en alloit outre mer, 540 livres que
» l'on rendoit à Bérengère, à l'exception d'une
» somme de 90 liv. que l'on employoit en aumônes
» et gratifications. »

L'enquête avait évidemment pour objet de fixer
les droits qui revenaient à la reine, par suite de la

donation du feu roi. On dit qu'à cette occasion Bérengère demeura dans Guibray pendant quelque temps, et son nom, en effet, s'est conservé parmi nous dans les souvenirs du peuple. Plus tard, Philippe-Auguste lui accorda le Mans, où elle se retira pour finir ses jours, en fondant des monastères.

Jean, frère et successeur de Richard, vint plusieurs fois à Falaise, et l'histoire a noté plus de dix voyages qu'il fit dans ces murs pendant les années 1199, 1200, 1201, 1202 et 1203. Nous rappelerons du reste, en passant, tous les événemens de ce règne peu étendu, qui se rattachent à la ville qui nous occupe. Ils ont contribué à rendre cette époque l'une des plus remarquables de toutes celles que nous ayons à parcourir.

En 1200, un bourgeois de la ville, nommé Heute-Bertin, fonda l'hôtel-Dieu qui subsiste encore aujourd'hui. Il y en avait eu un premier, longtemps auparavant, créé par le duc Robert, père de Guillaume, mais il avait disparu probablement dans les guerres; et, plus tard, la maison hospitalière de Godefroy avait également, comme nous l'avons fait observer, été détournée de sa destination. L'établissement de Bertin fut plus heureux, et s'est conservé jusqu'à nous. Honorons ce pieux fondateur, ainsi que les bourgeois de son temps, qui s'empressèrent de concourir à cette œuvre de bienfaisance et de charité.

Ce fut vers le commencement de l'an 1203 qu'un événement tragique faillit ensanglanter et souiller l'enceinte du vieux château qui avait vu naître le Conquérant. L'énergie que montrèrent les habitans et la noble vertu du gouverneur de la forteresse, empêchèrent seuls que Falaise ne devint le théâtre d'un si grand crime. L'histoire a redit ainsi cette aventure vraiment déplorable :

Il y avait un jeune duc de Bretagne, nommé Arthur, qui avait des droits à la succession de Richard, comme issu d'un frère plus âgé que Jean. Celui-ci néanmoins avait usurpé le trône, et non moins méchant qu'ambitieux, il cherchait les moyens de s'assurer de son neveu pour le faire périr, et pour régner après lui sans trouble. A force de ruses, il parvint à se saisir du jeune prince, en Anjou ; et, cachant ses desseins perfides, il l'envoya d'abord à Falaise, où il ordonna qu'on le tint renfermé dans un cachot du vieux donjon. Là, pendant quelque temps, Arthur resta confié à de vaillans hommes qui le gardèrent avec sévérité, mais sans oublier les égards dus à son haut rang. Bientôt ils reçurent secrètement du roi l'ordre de mettre à mort le prisonnier, et ce fut dans cette occasion qu'ils firent paraître toute cette loyauté et ce beau caractère qui les ont immortalisés. Non-seulement ils ne voulurent point égorger le prince, mais ils déclarèrent même aux envoyés de Jean qu'ils ne souffriraient pas qu'on l'immolât dans leurs murs. Jean, furieux, fit alors enlever Arthur de Falaise, et le fit entraîner à Rouen, où l'on dit qu'il le poignarda lui-même dans les ténèbres. Ce crime atroce est resté attaché à la mémoire de ce méchant roi ; on n'a cessé, au contraire, de rendre hommage à la noble fermeté des guerriers de Falaise. Partout elle a été célébrée comme le modèle de l'héroïsme dans ces temps à demi-barbares.

Jean, devenu l'horreur des siens, vit la guerre éclater, quelque temps après, entre lui et le roi de France, Philippe-Auguste, qui se présentait pour venger la mort d'Arthur, époux d'une de ses filles. Philippe posa d'abord le siége devant le château Gaillard qui se défendit long-temps, et qu'il ne prit même qu'après une année de combats et d'assauts. Les autres places de la Normandie pouvaient se défendre avec cette même énergie, et rendre ainsi difficile, et même impossible, la conquête qu'il semblait avoir entreprise. Jean, qui s'en aperçut, essaya, dans cette crise, de faire oublier ses crimes par des bienfaits, aux principales localités, et Falaise reçut, à ce sujet, deux insignes faveurs que nous allons rappeler successivement :

D'abord, par une charte, datée de février 1203, elle obtint, pour la première fois, les franchises de sa commune. Jusque-là un vicomte, homme d'épée, l'avait seul administrée. Elle eut, de ce moment, des magistrats civils, et ses bourgeois furent constitués eu communauté. Cette concession, à la vérité, ne fut que précaire alors, et le roi se réservait de la révoquer à volonté ; mais ce fut déjà beaucoup pour elle que d'être délivrée, même momentanément, du joug arbitraire et insupportable des hommes d'armes et des grands seigneurs féodaux. Cette charte devenait d'ailleurs le présage d'un avenir meilleur qui devait arriver bientôt.

Peu de temps après, Jean concéda aux Falaisiens le droit d'exercer librement leur commerce dans tous ses états, Londres seul excepté. Sa charte est du 11 août, époque à laquelle Philippe menaçait de venir prochainement l'attaquer jusque dans la Basse-Normandie. On sent quel intérêt avait alors le monarque anglais à se maintenir dans la possession d'une place qui était regardée comme la plus forte de toute cette partie de la province. Il choisit en même-temps pour y commander, un Brabançon nommé Lupicaire, sur le dévoûment duquel il croyait pouvoir compter. Il put se flatter dès-lors de la voir échapper aux attaques de son rival. L'événement prouva que ses prévisions étaient mal fondées.

Philippe, en effet, maître du château Gaillard et de presque toute la Normandie supérieure, s'avança vers Falaise qu'il assiégea en personne, avec toutes ses forces, regardant ce point comme très-important. Il craignait d'y rencontrer les plus grands obstacles. La fortune, au contraire, lui ouvrit pour ainsi dire les portes de la ville dès qu'il s'y montra. Un contemporain, témoin du siége, en a raconté les détails que nous lui empruntons, en les traduisant. Son récit semble exact, et les lieux surtout sont fidèlement décrits :

« Il y avait une ville, entourée de toutes parts
» d'une roche escarpée, et que l'on nommait Fa-
» laise, à cause de l'aspérité de son site. Cette ville
» était située au milieu de la Normandie. Ses tours
» et ses remparts étaient tellement élevés, qu'il
» semblait impossible de rien lancer jusqu'à leur
» hauteur. Le roi l'environna de tous côtés de ses
» innombrables étendards, et pendant sept jr . .
» il prépara toutes les machines propres à renve rse
» les murailles et à se rendre maître de la place

» Mais les bourgeois, et principalement Lupicaire,
» que le roi Anglais avait chargé de la défense,
» aimèrent mieux rendre la forteresse intacte, en
» *conservant leurs biens et les libertés de la ville*,
» que de tenter les chances de la guerre, qui ne
» pouvaient que leur devenir funestes. » (¹)

La haine contre Jean et le mépris qu'il inspirait,
amenèrent en peu de mois la soumission entière de
la province. La Normandie redevint ainsi un des
apanages de la couronne de France. Il y avait alors
près de trois cents ans qu'elle en avait été séparée
par la cession de Charles, dit *le Simple*, au vaillant
Rollon.

Philippe combla les Falaisiens de bontés, et renouvela, dans le camp même devant la ville, la
charte de Jean pour la franchise de leur commerce
partout le royaume, Mantes seule exceptée ; il con-
firma de plus leur charte d'affranchissement, qu'il
étendit même en la déclarant irrévocable ; enfin,
il accorda, chose bizarre, aux bourgeois de la ville,
de ne pouvoir être poursuivis pour usure, tant
que l'intérêt de l'argent ne s'élèverait pas chez eux
à la valeur du capital. Il résulte de cette étrange
faveur que le taux légal du prêt put être porté dans
Falaise jusqu'à près de cent pour cent. Ce privilége
si monstrueux, plusieurs fois renouvelé, s'est
maintenu plus tard dans la ville pendant trois
siècles au moins.

Nous arrivons à la promulgation de la grande
charte municipale qui fut faite par Philippe, en
1205, en faveur des villes de Rouen, Ponteaudemer

(¹) Voir le texte latin, Note 11.

et Falaise. Elle est trop longue pour que nous puissions la rappeler ici en entier, et nous en donnerons seulement quelques articles parmi les plus curieux. On jugera du reste par cet échantillon.

Nous citons la copie authentique qui se trouve au chartrier de la ville, en la traduisant :

« Lorsqu'il faudra nommer un maire dans Falaise, les cent pairs (ou notables) *élus par la commune*, choisiront trois des plus honnêtes gens, et *les indiqueront au seigneur-roi, qui désignera pour maire un des trois, à son gré.*

» Tous les ans, les cent pairs éliront vingt-quatre d'entre eux, dont douze prendront le titre d'échevins, et douze celui de conseillers.

» Ces vingt-quatre pairs prêteront serment, au commencement de leur année, de maintenir les droits de la sainte Eglise, la fidélité due au Roi, et *de juger en tout d'après la loi et leur conscience.........*

» Le maire et les douze échevins s'assembleront deux fois chaque semaine *pour les affaires de la commune.*

» Le maire, les échevins et les conseillers se réuniront chaque semaine, le samedi, et les cent pairs tous les quinze jours, également le samedi, etc., etc. » (*)

On voit par cette charte les juges de la communauté *élus* par la communauté elle-même ; on les voit assujétis à se réunir à des époques fixes, pour prendre connaissance des griefs, et pour maintenir l'ordre dans la cité. On trouve ensuite la législation fixée pour les divers crimes ou délits, pour le vol, pour le faux témoignage, pour la rebellion, pour

______

(*) Voir dans le premier volume de la *Statistique* quelques détails plus étendus sur cette pièce, qui se trouve en entier imprimée à la page 1066 de la Collection des Historiens normands de Duchesne, et dans les Ordonnances du Louvre, tome II.

les injures, &c., &c. ; des peines sont tracées pour chacun de ces méfaits, et le conseil des pairs est constitué en forme de jury pour condamner ou pour absoudre, selon qu'il trouve des innocens ou des coupables. Voilà, il faut en convenir, une constitution toute libérale donnée par Philippe à nos pères. Qu'on nous l'accorde aujourd'hui de nouveau, ou quelque chose qui s'en rapproche, et nous pourrons cesser de nous plaindre, comme nous le faisons à bon droit. Nous sommes moins avancés sur ce point qu'on ne l'était en l'an 1205 (1).

L'église de Guibray, commencée par Guillaume, fut achevée sous Philippe-Auguste. Elle fut dédiée à la Vierge par Hugues II, évêque d'Avranches.

L'échiquier de la province, composé des principaux prélats, abbés et barons de Normandie, tint plusieurs fois ses séances à Falaise, sous le même règne. L'histoire a mentionné surtout les échiquiers des années 1207, 1213, 1214 et 1218. On y régla quelques points importans de l'administration intérieure, civile et religieuse.

(1) Parmi quelques bizarreries qui rappellent, dans la charte de Philippe, l'époque de barbarie à laquelle elle fut concédée, nous ne pouvons omettre la peine singulière portée contre les femmes qui se livrent à la chicane :

« Si une femme est convaincue d'être *plaideuse* ou *médisante*, on l'attachera sous les aisselles avec une corde, et on la plongera trois fois dans l'eau. Si un homme lui fait quelque reproche à cet égard, il paîra 10 sols d'amende, ou sera lui-même plongé trois fois dans l'eau. »

L'homme qui reprochait à une femme *sa laideur*, devait également payer une amende. Cette dernière peine peut du moins se concevoir dans un siècle que l'on nous peint comme encore entièrement dominé par l'esprit de chevalerie.

En 1223, un prêtre, né dans Falaise, fut élevé
à la dignité d'archevêque de Rouen. On le remarqua
principalement dans une lutte qu'il soutint contre
la cour, au temps de la minorité de S. Louis. Un
poëte le peignit ainsi à sa mort :

Vir precibus vix flexibilis nimiique rigoris.

En 1250, des Cordeliers furent établis à Falaise,
par Pierre du Pont-d'Ouilly, l'un des seigneurs du
pays. Ils furent placés près de la porte Ogise, dans
des bâtimens qu'avait occupés, dit-on, le duc Guillaume, et où s'étaient tenues plusieurs des séances
de l'échiquier de Normandie. S. Louis, passant dans
Falaise à cette époque, leur fit quelques libéralités.
Ils ont subsisté jusqu'à la révolution dans le lieu
où on les avait placés.

Un Falaisien, Denis Benaiston, devint évêque de
Meaux et conseiller du roi, vers 1296. Il fut connu
par son zèle et par son amour pour la religion

Simon de Bailleul, frère d'un roi d'Ecosse, fut
vicomte de Falaise en 1290.

Tels sont les événemens qui terminent l'histoire
du siècle.

Au commencement du siècle suivant, l'administration judiciaire fut organisée dans la province,
et Falaise obtint un bailliage qui releva du grand
bailliage de Caen. Un lieutenant particulier y fut
placé à cette occasion, pour tenir les plaids en l'ab-
sence du grand bailli.

Un tribunal du contentieux s'établit en même-
temps pour la perception des impôts, et un lieutenant fut aussi chargé de le diriger ; ce lieutenant

et ce tribunal relevèrent dès-lors, et ont toujours relevé depuis, de la généralité d'Alençon.

Enfin, Falaise devint successivement, vers cette même époque, le chef-lieu d'une juridiction pour l'impôt du sel, et le siége d'une maréchaussée. Un prévôt et des officiers divers y furent institués pour ces différentes administrations.

En 1338, un hiver rigoureux désola le pays. Le souvenir s'en est conservé dans les vers suivans :

> Tu qui leiras cet escrit remembre,
> Que le vintiesme de novembre,
> L'an mil trois cent et trente üit,
> Cheiren grand neis jour et nüit,
> Et apres gela si formeat,
> Que homs ne poet fere froment, etc.

Un peu plus tard, la guerre se ranima entre l'Angleterre et la France, et le sol de la Normandie devint le théâtre où se vidèrent ces grands débats. Falaise fût menacée et même assiégée par Édouard ; mais ses murs ne furent toutefois ni livrés à ce roi vainqueur, ni forcés par ses armes. On vit même, à ce sujet, le roi Charles VI accorder aux Falaisiens de notables priviléges, en récompense du dévoûment qu'ils avaient montré pour lui. Il renouvela, entre autres, les trois chartes de Philippe, en leur faveur, sur l'exercice de leur commerce dans le royaume, sur l'intérêt de l'argent et sur les franchises de leur commune. Ces bienfaits rendirent ce prince, malgré ses malheurs, cher à jamais aux Falaisiens. (¹)

(¹) On restaura dans ce temps quelques parties du château de Falaise. Voici la quittance curieuse que M. Pluquet vient de retrouver, à ce sujet, dans la bibliothèque du Roi, à Paris :
« A tous cels qui ces lettres verront ou orront, Jehan Le

Le dernier événement du siècle eut pour objet un jugement du vicomte, qui peignait toute la grossièreté du temps. Nous le rappelons tel que nous l'avions déjà raconté ailleurs :

« En 1386, une truie dévora le fils d'un manœuvre de la ville, nommé Janet. Cet accident parvint à la connaissance du juge, qui condamna l'animal à subir publiquement la peine du talion. L'enfant avait eu le visage et un bras déchirés ; la truie fut mutilée de la même manière, et ensuite pendue par la main du bourreau. L'exécution se fit sur la place publique, en présence de tout le peuple ; le vicomte-juge y présidait « à cheval, un plumet sur » son chapeau et le poing sur le côté. » Pour comble d'horreur, le père de la victime fut tenu d'assister à cette exécution : on voulait le punir, dit l'historien de ce fait, pour n'avoir pas surveillé son enfant. Quand l'animal fut amené sur le lieu du supplice, il avait des vêtemens d'homme, une veste, des hauts-de-chausses et des gants. On lui avait appliqué sur la tête un masque représentant une figure humaine. »

» Coustellier, prestre garde du scel des obligations de la ville
» de Falese salut sachent tous que por devant Robert de Mont-
» fort, clerc tabellion juré fut présent Richart Basin féron
» (ouvrier en fer) lequel recognent avoir reçeu de home saige
» et honorable Raven Le Moine, vicomte de Falese la somme
» de XXXI s. III deniers tornois pour avoir racoustré les huis,
» doubliers et fenestres des appentiz faiciz de nouvel au bout
» de la grant sale *du chastel de Falese*, de laquelle somme de
» XXXI sols III deniers ledit Richart Basin se tient por con-
» tent et bien payé et en tient quitte le roy nostre sire, ledit
» vicomte et tous aultres. Ce fut fet soubz le scel de la dicte
» vicomté le troisième jour de juing lan mil treis cents seisante
» et quinze. »

On peignit cette exécution, dans le temps, sur un des murs de l'église de Ste.-Trinité. On voyait ce tableau, à ce qu'on assure, il y a peu d'années encore, dans une des chapelles du croisillon (celle qui se trouve la seconde à droite en entrant par la petite porte du côté de l'hôtel-de-ville.)

Maintenant, nous retombons dans des temps de désastre et de désolation, et la guerre retentit de nouveau avec fureur dans la cité du Conquérant. En 1417, elle vit arriver sous ses murs un roi puissant qui marchait pour tout soumettre sur son passage, et qui se faisait accompagner par une forte armée. Elle tomba dans cette occasion, mais du moins ce fut avec gloire, et après de longs assauts. Voici quelques détails sur ce grand et mémorable événement :

Le roi qui avait vaincu à Azincourt, Henri V, avait vu tomber déjà sous son pouvoir les villes de Bayeux, de Lisieux et de Caen, quand il forma le dessein de s'emparer de Falaise, et vint se montrer sous ses murs au commencement du mois de novembre. Il était accompagné de son frère, le duc de Glocester, qu'il plaça vers Guibray, tandis que lui-même, avec ses meilleurs soldats, vint s'établir sous le château fort. L'attaque fut vive, et se prolongea pendant près de deux mois, durant lequel temps les béliers ne cessèrent de battre les tours, et y firent des brèches nombreuses. Enfin, démantelée et forcée, la place capitula, et le monarque anglais y fit son entrée. Ce fut le 2 de janvier de l'an 1418. Mauny, qui gardait le château, ne voulut le rendre qu'un mois plus tard, et ce dévoûment le fit condamner à la prison pour le reste de ses jours, par celui qui l'avait vaincu. Quant au courage et à la résistance des Falaisiens, elle fut telle en cette circonstance, que Henri, effrayé, renonça pour le moment à poursuivre sa conquête. Il repassa la mer, et ne revint combattre qu'après avoir ramené de nouvelles forces de son royaume.

La capitulation de Falaise fut honorable, et la copie qu'on en conserve à la ville est un monument curieux. On y voit stipulant pour les Anglais, Salisbury, Hugh, Cornevail, Harington ; et pour les assiégés, Meullou, de Moustiers, La Fayette et Granville. La Fayette avait défendu la ville, comme Mauny le château. Le vainqueur le traita avec honneur et ménagement. (¹)

Henri, pour s'attacher Falaise, lui accorda plusieurs faveurs assez importantes. Parmi les chartes qu'il lui laissa, on remarque celle qui ordonne une enquête sur les anciens priviléges des bourgeois. Les concessions de Philippe-Auguste et de Louis IX furent rappelées et confirmées par suite de cette enquête. Le roi pensait avec raison que rien ne flatterait plus les habitans que le maintien de ces franchises dont jouissaient leurs pères depuis plus de deux cents ans.

L'occupation anglaise dura plus de trente-deux ans. La ville, pendant ce temps, vit restaurer ses murs ; former de vastes étangs, au moyen de chaussées, dans les vallons qui l'environnent ; relever son église de la Trinité qui avait grandement souffert pendant le siége ; rétablir ses fontaines pu-

<hr>

(1) Voir cette capitulation, Note 12.

bliques, ses clochers, son horloge, &c., &c. Ce fut aussi à cette époque qu'elle vit élever dans son sein cette vaste tour, l'honneur de sa forteresse, et l'un des monumens les plus remarquables de la province. Les fondemens en furent jetés par Talbot, qui était alors gouverneur de Falaise, et qui mettait sa gloire à fortifier et à embellir la vieille enceinte où était né le Conquérant. Plus tard, cette tour conserva le nom du capitaine qui l'avait bâtie, ainsi que de belles salles qu'il avait fait disposer dans le donjon, et qu'il avait ornées des plus riches peintures. *La tour Talbot, les salles Talbot* ont été long-temps citées comme des modèles de ce qu'on faisait de plus parfait dans les arts et dans l'architecture, à l'époque qui nous occupe.

Au milieu de ce siècle, et dans l'année 1450, on vit le roi Charles VII tenter de reconquérir ses états, et Falaise fut une des villes qu'il voulut assiéger lui-même. Dunois, Saintrailles, le connétable et tous les preux de sa cour l'accompagnaient dans cette expédition, ainsi que le roi de Sicile, avec lequel il vint s'établir «en une abbaye nommée » St.-Andrieu (St.-André), » située à une lieue de Falaise. L'attaque fut vive dès les premiers jours, et la garnison anglaise en parut tellement alarmée, qu'elle songea promptement à capituler. Elle demanda que l'on délivrât Talbot, que le roi retenait captif à Dreux depuis quelque temps, et, à ce prix, elle ouvrit les portes de la ville, après dix-sept jours de siége. Dunois fut chargé de traiter pour le roi, et Saintrailles devint gouverneur à la place du héros anglais. On voit que Falaise était encore importante, puisqu'on en faisait la récompense des plus grands capitaines, et qu'on la recevait comme la digne rançon du premier et du plus redouté des généraux ennemis. (1)

Redevenue pour toujours française, à dater de cette époque, la ville perdit presque aussitôt une partie de son importance militaire, et ne joua plus même de long-temps un grand rôle dans nos annales. Louis XI la prit sur son frère au commencement de son règne (1465), et, deux ans plus tard, il lui accorda quelques priviléges pour son commerce. Il s'en faut toutefois qu'elle ait conservé sous ce prince tous ses anciens droits, et ses chartes municipales ne furent point surtout respectées. Le commerce, comme autrefois, était celui des pelleteries, auquel on joignait celui des étoffes teintes, que l'on préparait dans les eaux de l'Ante. Le vallon, dans la paix, était animé ; mais dans la guerre, on le remplissait d'eau, et l'artisan rentrait au sein de la ville. Il recevait alors pour habitation un quartier connu de nos jours encore sous le nom de rue des Pelletiers, ou plutôt *de la Pelleterie.*

Un Grec, de la famille et du nom des Paléologues, fut vicomte de Falaise à la fin du 15.ᵉ siècle. Il avait vu les siens dépouillés d'une couronne dans l'Orient, et, par une philosophie digne peut-être d'être admirée, il sut se résigner à son sort, et se contenter des modestes honneurs de chef d'une petite cité normande. Il eut pour lieu-

(1) Voir le siége de 1450, raconté, en vers, par un poëte contemporain, à la Note 12.

tenant un Vauquelin, seigneur des Yveteaux, d'où sont issus ces illustres Vauquelin, dont la race est si chère et si honorée parmi nous. L'épitaphe de Vauquelin rappelle sa dignité et le nom de ce Paléologue, *sorti des empereurs de Bizance, qui, après la prise de Constantinople par les Turcs, avait été nommé par le roi gouverneur de Falaise.* La chûte est grande, comme on le voit ; mais Falaise, par ses souvenirs, pouvait consoler du moins un prince déchu des grandeurs. La patrie de Guillaume offre assez de gloire pour figurer avec avantage parmi nos villes les plus renommées par les armes dans le moyen âge.

Vers 1500, un second Paléologue eut la vicomté de Falaise ; mais, ne se résignant point à sa destinée, comme son devancier, il fut chercher la gloire dans les combats, où, bien jeune, il trouva la mort :

> Il fut occis combattant vaillamment
> En aspre, dure et tres forte bataille,

a dit un poëte du temps, qui chanta sa noble fin. Ainsi disparut de nos murs une race long-temps illustre, que le sort avait abattue.

Nous rappelerons encore ici, en passant, qu'en l'année 1475, le pape Sixte IV accorda l'anneau, la mitre et les insignes de la dignité pontificale, à l'abbé de St.-Jean, l'un des personnages du pays.

Et qu'enfin le roi Charles VIII permit de construire à Guibray des halles et des loges pour les marchands, en temps de foire, vers l'année 1493.

Tels furent les derniers événemens qui marquèrent la fin du 15.e siècle.

En 1520, on refit le chœur de la Trinité et les chapelles de St.-Gervais. Les plus riches d'entre les bourgeois contribuèrent à ces travaux.

En 1530, les revenus domaniaux de la vicomté furent engagés par le roi au duc de Ferrare, et ce duc eut dès-lors, et pendant plus d'un demi-siècle, un intendant dans le pays, pour en recueillir les impôts. Il en fut ainsi, durant le même temps, dans les vicomtés voisines de Bayeux et de Caen.

François I.er passa dans Faláise en l'année 1532, mais il ne paraît y avoir laissé aucun souvenir de sa munificence. On voit seulement ses salamandres sur une des chapelles de Saint - Gervais que l'on achevait alors.

Trois ans plus tard, le même roi fit un réglement pour la foire, plus onéreux que favorable pour les habitans. La seule chose qui le recommande aux Falaisiens, est le rétablissement d'un vicomte de robe à la place des vicomtes d'épée qui rendaient de nouveau la justice sous les derniers rois. Il institua, de plus, un lieutenant criminel et un procureur du roi, qui siégèrent près le bailliage. Il laissa de côté, du reste, ou même supprima entièrement les franchises de la commune.

Ces franchises ne furent un moment rétablies qu'au temps de son petit-fils, le roi François II. Ce prince, en 1560, renouvela tous les priviléges de Philippe-Auguste, et, après lui, on les vit confirmés pareillement par son frère, Charles IX, la première année de son règne. Les chartes de ces deux rois sont encore dans nos archives.

Sous Charles IX, malheureusement, la guerre

se ralluma dans nos provinces, et la religion arma les habitans les uns contre les autres. Falaise, prise par les Huguenots en 1562, fut reprise par les Catholiques peu de temps après, et enfin retomba dans les mains de Coligny dès 1563. On se figure aisément les maux que ces siéges lui firent souffrir, et tout le sang qui coula dans ses murs. Le feu consuma plusieurs de ses édifices, parmi lesquels on cite le chœur de St.-Gervais. Ce fut à cette occasion que les Protestans s'établirent dans un des quartiers, où ils se maintinrent, à ce qu'on croit, jusqu'au règne de Louis XIV.

La paix vint, durant quatre années, calmer la fureur des partis, qui bientôt recommencèrent avec un plus vif acharnement. On vit alors Montgommery prendre Falaise en 1568, et piller la riche communauté de St.-Jean, dont un de ses frères se trouvait abbé. Matignon, qui survint, le chassa peu de temps après.

Matignon sauva pareillement Falaise des massacres, en 1572, pendant les jours si odieux de la St.-Barthélemy; et, plus tard, il parvint à l'enlever de nouveau aux soldats de Montgommery, qui l'avaient une seconde fois forcée dans leurs courses vagabondes. Toutefois il ne put ramener le calme au sein de cette ville infortunée, et ces jours furent même probablement les plus tristes de son histoire. Chaque changement amenait une réaction, et le pillage ayant lieu presque toujours, la famine en devenait la suite. Celle qui éclata en 1573, fut affreuse, et l'on vit alors le boisseau de blé s'élever de 10 à 12 sols jusqu'à 105 sols. Le peuple eut à souffrir tous les fléaux à-la-fois. (1)

Quand la Ligue arriva, vers 1585, le fanatisme devint de plus en plus ardent, et Falaise prit parti pour les Guises contre ses rois. Montpensier l'assiégea le premier, en 1589, et peu s'en fallut qu'il ne l'emportât dans un seul assaut. Vaincu, il se retira vers Caen, et laissa Brissac, avec ses ligueurs, maître de la place. Les bourgeois et Brissac se livrèrent, dans cette occasion, aux excès les plus graves dans les environs. (2)

Enfin, le roi Henri IV entreprit de former lui-même le siége de la ville, et, dans le fort de l'hiver, il s'avança sous ses remparts pour la ramener au devoir. On était alors dans les premiers jours de 1590.

Biron d'abord, par son ordre, investit la place,

(1) Il y eut toutefois une disette plus cruelle encore, douze années plus tard. Pour ne point revenir sur ces événemens déplorables, nous dirons ici ce que nous avons consigné ailleurs, d'après un manuscrit du temps, sur cette grande famine de 1587 :

« Un grand nombre d'habitans moururent par une espèce » d'épidémie. Le blé se vendit jusqu'à 6 livres le boisseau, » l'orge, 69 sols, et l'avoine, 45 sols dans la ville. *Le simple* » *peuple*, dit le manuscrit, *fut réduit en telle extrême pauvreté,* » *que la plus grande partie ont quitté leur pays pour aller mendier* » *par villes et villages, et c'étoit grande pitié de les voir tomber* » *morts par les chemins.* » Il ajoute que l'on chassait des hôpiraux ceux qui n'étaient point de la ville et des paroisses, et il termine cette partie de ses notes par ces lignes énergiques : « *Grande mortalité aux villes et champs, aux povres et riches;* » *grands impôts, tailles et ruines...* »

(2) Ils brûlèrent, entre autres, le château de Ravent de Séran, à St.-Pierre-Canivet. On voit les détails de ce désastre dans le premier volume de la *Statistique*, pag. 126 et 127.

et

et le roi, qui la reconnut ensuite, jugea qu'il devait l'attaquer du côté du château fort. Il plaça sur les rochers qui s'élèvent au-dessus, deux pièces d'artillerie pour accabler ceux qui voudraient passer de la ville dans la forteresse, et il mit en même-temps sur une colline de côté, un peu moins escarpée, deux autres batteries pour foudroyer les tours qui se trouvaient à découvert. Ainsi maître des positions, il espérait prendre aisément le château, puis de-là forcer la ville à capituler, en l'attaquant d'un point dominant. Le résultat prouva que ses plans étaient bien conçus. Avant l'attaque, il somma Brissac de rendre la place; mais celui-ci, renfermé dans le donjon, refusa de traiter, ajoutant « qu'il pourrait dans six » mois donner une plus ample réponse. » Henri, mécontent, jura qu'il changerait *ces six mois en six jours.* Il fit battre aussitôt les murs.

Ce fut sur l'angle du château le plus avancé vers la prairie, à l'ouest, que le roi dirigea surtout ses coups, et qu'il fit ouvrir une brèche, afin de tenter l'assaut. Lui-même voulut y monter alors des premiers, et, suivant de-là le rempart, il gagna l'entrée de la ville, où se trouvaient tous les bourgeois. Là se livra un combat sanglant, le dernier dans l'ordre de date, mais le plus obstiné peut-être que l'on ait vu dans ces remparts. Les bourgeois, à la fin vaincus, virent l'armée camper dans leurs rues, et leurs toits livrés au pillage. Ils perdirent ainsi leurs trésors et l'honneur de leurs vieilles armes. Mais du moins à ce jour fatal se rattachent quelques hauts faits (1).

(1) C'est à des femmes que l'on attribue les deux principaux

La garnison du donjon, contenue par le feu des batteries placées sur le rocher, n'avait pu se mêler au combat, et avait vu succomber ainsi la valeur des soldats-bourgeois. On la somma de se rendre une

actes de courage et de dévoûment de cette mémorable journée. Nous les rappelerons tels qu'ils sont consignés dans l'ouvrage plus étendu que nous avons donné sur Falaise :

« On vit une jeune Falaisienne se signaler par un trait
» d'héroïsme vraiment digne d'admiration. Elle combattait
» auprès de son amant, et tous deux soutenaient les efforts
» d'une multitude d'ennemis. La victoire enfin se déclara
» pour les assaillans, et le jeune homme tomba frappé d'un
» coup mortel. Son amante le vit et résolut de ne pas lui
» survivre. Vainement les vainqueurs, touchés de son cou-
» rage, voulurent la sauver ; elle combattit, sans se lasser,
» jusqu'à ce qu'un trait vint l'atteindre elle-même. Fière alors
» de mourir avec celui qu'elle aimait, elle s'inclina sur son
» corps, et ils expirèrent ensemble. Une même tombe reçut
» ensuite leurs glorieuses dépouilles.

» On raconte un autre acte de courage d'une femme, que
» le peuple surnommait la grande Éperonnière. Cette femme
» avait également combattu à l'une des portes, et s'était fait
» remarquer par son obstination à soutenir l'assaut. Le roi
» l'avait distinguée, et quand la ville fut prise, il la fit ap-
» peler. Elle parut devant lui avec assurance, et lui demanda
» instamment de pardonner aux femmes et aux vieillards. Le
» roi fut touché de sa demande, et lui permit de se renfermer
» dans une rue, avec ses effets précieux et les personnes
» qu'elle voudrait sauver. Il lui promit que le soldat ne pé-
» nétrerait point dans cette enceinte. Cette femme dut choisir
» alors la rue qu'elle habitait, et elle y appela ses compagnes
» et ses amis ; plusieurs bourgeois lui confièrent aussi leurs
» richesses, qu'elle réunit autour d'elle, et le roi défendit
» que l'on pillât ce quartier, qui fut clos aux deux extrémités.
» C'est, à ce qu'il paraît, celui qui a conservé depuis ce temps
» le nom de Camp-fermant ou Campferme, en mémoire de
» cet événement. »

seconde fois, et Brissac, malgré son orgueil, fut forcé de poser les armes. Il demanda grâce au vainqueur, qui daigna lui pardonner. Huit seulement d'entre les siens furent jugés et pendus, pour les crimes qu'ils avaient commis.

Henri, pendant le siége, avait pris position au château de la Courbonnet, apanage de Jean Morel, alors vicomte de Falaise. Ce château naguère encore s'apercevait des remparts et de la forteresse. Il fut détruit en 1817. Ce fut de-là que le roi, *galant* et *vaillant*, écrivit, après la victoire, à la belle de Guiche (Corisandre d'Andoins) le billet suivant :

« Depuis le parteman de Lycoran, j'ai pris les villes de » Séez, Argentan et Falaise où j'ai attrapé Brissac et tout » ce qu'il avoit amené de secours pour la Normandie. Je » pars demain pour aller attaquer Lisieux, en m'approchant » du duc de Mayenne qui tient assiégé Pontoise. Mes troupes » sont crues, depuis le départ de Lycoran, de bien 600 gen- » tilshommes et 2,000 hommes de pied......... J'ai fait la cène » en huy que je ne pensois pas faire en Normandie.

    » *De Falaise*, ce huitieme janvier.

    » *P. S.* En achevant cette lettre ceux de Bayeux m'ont ap- » porté les clefs, qui est une bonne ville. » (1)

Henri, avant son départ, punit les Falaisiens en leur ôtant leur foire, leur principale richesse. Il s'étendit de-là vers la Haute-Normandie, et gagna les champs d'Ivry. Les malheureux vaincus restèrent ainsi livrés à leur désespoir, sans commerce et sans espoir de revoir jamais dans leurs murs toute cette foule de riches marchands du dehors, qui leur avaient jusque-là fourni la source principale de toutes leurs prospérités.

(1) M. Langevin a publié le premier cette lettre, d'après une copie envoyée par M. de Manne.

Ce fut alors qu'un habitant de Guibray, nommé *Le Sassier*, conçut l'espoir de fléchir le roi, et l'alla trouver pour qu'il daignât pardonner à ses compatriotes. Henri, touché, rétablit la foire avec ses priviléges, et honora, dans cette occasion, le député de Guibray par des bienfaits particuliers. Celui-ci l'avait servi dans la guerre, ainsi que ses fils, et le roi s'en montra reconnaissant. On garde encore dans la famille les chartes honorables qu'il lui accorda. Le peuple, de son côté, rendit à ce bon citoyen le tribut d'estime et d'hommage qui lui était dû. Il mourut, chéri et respecté, au milieu de ses concitoyens (1).

Nous avons dit que la foire était, dans ces temps, la plus gande richesse du pays, et cette opinion est appuyée sur le témoignage de plusieurs contemporains. Voici comment Belleforest et Guy Lefevre de la Boderie s'expriment à ce sujet :

« La ville de Falaise est plus habitée de noblesse » et de gens de justice que de marchands, et ainsi » le commerce et *trafic n'y est guère grand*.......... » Mais non loin de la ville est ce gros et fameux

---

(1) On montre encore, à Guibray, le tombeau de ce Nicolas Le Sassier, *avocat.* L'auteur de son épitaphe, faisant allusion au nom du sieur *de la Roche* qu'il portait, et à l'événement qui l'avait rendu célèbre, s'exprime ainsi dans un distique latin d'assez mauvais goût :

> *Cur das huic rupem cum is rupès nomine et re,*
> *Cur gramen, patriæ quod fuit ipse salus.*

« A quoi bon élever une roche à celui qui fut un rocher
>   » de nom et d'effet :
» A quoi bon placer un gazon sur celui qui fut le sauveur
>   » de sa patrie.

» bourg, nommé la Guibray, où se tiennent ces
» foires par toutes les Gaules et Germanies renom-
» mées....... commençant........ le mercredy après
» l'Assomption Notre-Dame, et finissant le mer-
» credy après inclusivement. Je laisse le grand
» abord du peuple qui y vient, la richesse des
» marchandises, le nombre des loges, et *le revenu*
» *qu'on en tire,* » &c., &c.

De Bras, qui n'en parle pas en termes moins ma-
gnifiques, ajoute ensuite, après une description
brillante de la ville et de ce qu'elle offre de mer-
veilleux : *Et sont ceux de cette dite ville de bon et
subtil esprit.*

Nous voyons que ce fut en effet un des caractères
du siècle dont nous venons d'offrir l'esquisse, que
d'avoir vu naître ou rassemblé dans Falaise une
foule d'hommes distingués et de beaux esprits, qui
portèrent au loin la renommée de ce pays pendant
plus de cinquante ans. On peut même dire que
cette époque fut vraiment pour nos devanciers l'âge
des poëtes et de tous les genres de lettrés. Nous tâcherons d'indiquer en peu de mots les titres principaux de chacun de ces personnages :

Après deux frères de Lahaye, qui donnèrent
quelques tableaux, aujourd'hui oubliés, nous trouvons un Charles Toutain ou Toustain, auteur
d'une tragédie d'Agamemnon, où se voient quelques
vers de seize pieds, tels que ceux-ci :

> Voicy les noires sœurs qui ont leurs foëts sanglans
> forcenés ;
> Elles rouent en leur main gauche un à demi brûlé
> flambeau, etc.

Ce Toustain était, comme on le voit, un mauvais

poëte, mais il fut un bon citoyen. Ce fut lui qui sauva, au péril de ses jours, une partie des ossemens de Guillaume, que les Huguenots avaient exhumé à Caen, et dont ils profanaient la dépouille. Cet acte vaut lui seul mieux que tous les vers du pauvre écrivain.

Le Coq, curé de Guibray, faisait aussi des tragédies que l'on jouait au temps de la Ligue. On connaît de lui un drame intitulé : *L'odieux et sanglant meurtre commis par le maudit Caïn à l'encontre de son frère Abel.* On voyait parmi les personnages de la pièce, *le Péché, la Mort, le Diable, le Sang d'Abel* et *le Remords de conscience.*

Des hommes bien autrement recommandables, furent les six frères Lefevre de la Boderie, parmi lesquels deux méritent surtout notre attention :

Guy Lefevre l'aîné était né à la Boderie, à trois lieues de Falaise, mais il passa une partie de sa vie dans cette ville, où il eut le titre de maire, et où il composa un grand nombre de ses écrits. On le vit successivement précepteur du duc d'Alençon et secrétaire de Charles IX. Il a donné, pendant sa laborieuse carrière, *la Galliade, l'Harmonie universelle,* des *Hymnes ecclésiastiques,* des *Mélanges de Poésies,* et concourut, plus qu'aucun autre, à la composition et à la publication de la grande Polyglotte, qui parut sous le nom d'*Arias Montanus.* On dit que Guy Lefevre possédait « l'hébreu, » l'*arabe,* le chaldéen, le grec, le latin, l'italien » et l'espagnol. »

Antoine Lefevre, son second frère, né à Falaise, en 1555, se jeta de bonne heure dans la diplomatic, où il parvint aux plus hauts emplois. Il fut ambassadeur à Rome, à Bruxelles, à Turin, et enfin, à Londres, où il obtint la faveur de Jacques I.er et de son fils. Il contribua, dit-on, à faire abjurer Henri IV, et à déjouer les intrigues du maréchal de Byron. Il travailla au *Catholicon*, et publia ses *Ambassades en Angleterre* et un *Traité de la Noblesse*. La seule fille qu'il ait laissée épousa dans la suite le savant Arnaud d'Andilly.

Le troisième des Lefevre, Nicolas, travailla à la Polyglotte, avec Guy, son frère, et fut employé dans des négociations, en Italie.

Enfin, parmi les trois derniers, il y en eut un qui se trouva au combat de Lepante ; un qui périt sur la brèche, à St.-Lo ; et un, plus jeune que les autres, qui fut tué parmi les Ligueurs, au siége de Pontcaudemer, qu'il dirigeait, en 1590.

Voilà ce que l'espace nous permet de donner ici sur cette famille, dont la mémoire vivra long-temps dans cette contrée.

Le souvenir des Vauquelin ne sera ni moins glo-rieux ni moins durable parmi nous. Ce fut dans ce même temps que vécurent les plus illustres.

Guillaume Vauquelin, sieur de Sacy, avocat-général au parlement de Rouen, fut choisi par Henri III pour soutenir, au nom du roi, la dis-cussion devant les États de la province, lorsque l'on rédigea la *Coutume de Normandie*.

Jean Vauquelin, son neveu, fut magistrat et poëte. Gendre de l'historien de Bras, il devint, à la place de ce dernier, lieutenant-général au bailliage de Caen, et ne se distingua pas moins, dans ce poste élevé, par son intégrité que par ses lumières. Comme écrivain, il publia des *satires*, des *idyllies*, des *épigrammes*, des *épithaphes*, et surtout un *Art poétique*, que l'on a long-temps cité, et que l'on cite encore parfois. Il imita quelquefois Horace avec assez de bonheur. Jean Vauquelin mourut à soixante-seize ans, et son corps fut déposé dans le tombeau de sa famille, à Sacy, où il doit reposer encore aujourd'hui. Son portrait a été publié, ainsi que celui de son fils des Yveteaux, dans l'atlas de la *Statistique* de cet arrondissement.

Vauquelin des Yveteaux fut d'abord magistrat, comme son père, à Caen; mais ensuite il partit pour la Cour, où il obtint la faveur de Henri IV, qui le nomma précepteur d'un de ses bâtards, le duc de Vendôme, et, plus tard, de son propre fils, le Dauphin, depuis Louis XIII. Des Yveteaux quitta son élève quand il le vit sur le trône, et fut se renfermer dans la retraite, où il finit mollement ses jours. Il a laissé des poésies qui sont fades et sans caractère. Un jour, Mézerai, jeune encore, lui montra des vers qu'il trouva mauvais, et il en prit occasion pour détourner le nouvel écrivain d'une carrière ingrate, où il ne devait pas réussir. Mézerai le crut, et se fit historien. Ce trait, qui honore le jugement de des Yveteaux, devint en même-temps pour lui son titre principal à la reconnaissance de la postérité. Sans lui, le pays n'aurait jamais eu probablement le premier historien qui ait su dignement écrire ses annales. Mézerai était sorti du petit village de Ryes, situé à deux lieues de Falaise.

Falaise voyait ainsi ses enfans parcourir à-la-fois

toutes les carrières, et remplir les divers emplois. Roch Lebaillif, sieur de la Rivière, l'un d'eux, était devenu médecin de Henri IV, et se distingua pareillement comme écrivain, en publiant des *Aphorismes latins-françois* et un *Traité de l'antiquité et de la singularité de la Bretagne Armorique.* Il jouissait près du roi du crédit le plus étendu. Des Yveteaux et lui servent d'intermédiaires entre le siècle que nous quittons et celui dont nous allons commencer l'histoire.

Dans celui-ci, les événemens devenant de plus en plus rares et insignifians, nous nous bornerons le plus souvent à les indiquer ou à les noter sommairement, sans songer à les décrire. Nous nous attacherons principalement à l'ordre chronologique.

Un curé de Martigny, nommé Jacques Labbé, fonda des Capucins dans Falaise, en l'année 1616. Il les plaça d'abord dans l'ancienne léproserie, à Guibray ; mais, plus tard, on leur accorda, dans la rue aux Chevaux, plusieurs grands bâtimens et une portion des anciens fossés. Ces Capucins subsistèrent dans ces murs jusqu'à la révolution.

En 1623, l'épouse de François Vauquelin, bailli d'Alençon, fit venir des Ursulines de Pontoise, pour leur confier l'éducation des jeunes filles de la ville. On établit ces Ursulines d'abord dans la rue du Campferme, puis sur le chemin de Guibray, non loin de la communauté de St.-Jean. Elles s'y sont aussi maintenues jusqu'à ces derniers temps.

Enfin, l'hôpital-général, cette utile institution fondée pour les vieillards et les pauvres infirmes, date de ce même temps : on la doit aux bourgeois de la ville, qui se réunirent pour en faire les frais. La population entière y prit part, à ce qu'il paraît, et la charité publique la soutint seule dans son origine. Une partie des revenus de la ville y furent plus tard assignés, et l'établissement s'éleva par degrés au point-de prospérité où nous le voyons maintenant.

En 1614, à la majorité de Louis XIII, il y eut des États-Généraux tenus à Paris. Les représentans du pays furent François Vauquelin, bailli d'Alençon, Guillaume Vauquelin, lieutenant-général de Caen, et Gilles Olivier, syndic de Falaise, qui siégèrent tous trois pour le Tiers-État.

La *Ligue du bien public* se forma peu de temps après, mais ne troubla point Falaise. On se battit dans les environs, sans que cette ville cessât de demeurer calme et indifférente au milieu de ces désordres. L'expérience avait appris à ses habitans à redouter les guerres civiles.

Le palais de justice, brûlé par les Ligueurs, en 1589, fut relevé en 1624. On reconstruisit aussi la chapelle de la Vierge et le beau portail de l'église de la Trinité. Ce furent les bourgeois qui payèrent tous ces travaux, avec un empressement dont le souvenir s'est conservé jusqu'à nos jours.

L'impôt des boissons s'élevait, dans Falaise, en 1634, à 800 liv. par année. On consacrait alors cette somme aux *réparations* et *reconstructions* des monumens publics.

Plusieurs hommes distingués se montrent de nouveau dans cette première partie du 17.e siècle, parmi les enfans de la ville. Nous citerons encore les principaux :

Montchrestien de Vatteville, soldat fougueux sous la Ligue, ardent réformé sous Louis XIII, intrigant, éloquent, fut un de ces hommes qui paraissent également nés pour les grandes actions ou pour les grands crimes. On le remarqua dans divers combats ; on le vit figurer à l'assemblée de la Rochelle, en 1628, où il entraîna les esprits par ses beaux discours ; et enfin, il périt misérablement dans le petit village des Tourailles, où il s'était retiré, pendant une nuit, avec quelques gentilshommes attachés à sa fortune. Montchrestien brilla comme écrivain, et laissa sept tragédies qui obtinrent quelque succès. On a de plus de lui une *Économie politique*, une traduction des *Psaumes de David*, et un commencement de l'*Histoire de Normandie*. Bien dirigé, ce personnage serait infailliblement devenu un des hommes les plus marquans de son temps (1).

Paul Varin, sieur Desperieres, combattit aussi dans sa jeunesse, et plus tard se fit écrivain. En 1604, il publia un livre étrange, ayant pour titre : *Espines de Mariage, pour retirer les jeunes filles et autres de folles et précipitées amours, et éviter les*

(1) M. Louis Dubois, dans une notice consacrée à Montchrestien, insérée au *Journal de Caen* (N.ᵒˢ 55 et 56, 1829), prétend qu'il se nommait *Mauchrétien*. Cette assertion est une erreur. La dédicace des tragédies de cet auteur, publiées de son temps, est signée *Montchrestien de Vasteville*. Ses ennemis l'appelèrent plus tard *Mauchrestien* (mauvais chrétien) par méchanceté ou par dérision. C'est ce titre qu'ils lui donnèrent dans le jugement qu'ils lui firent subir à Domfront, après sa mort, où ils condamnèrent son cadavre à être traîné dans les rues, rompu, brûlé et jeté aux vents. Montchrestien était fils d'un apothicaire de Falaise. Ses aventures formeraient le sujet d'un roman des plus variés.

périls de mariage. Dans un autre ouvrage de controverse, il annonça la fin du monde pour l'année 1666. Cet homme, si peu raisonnable dans ses écrits, avait vaillamment assisté à *toutes les batailles de Henri IV.*

Élis de Bous ne fut que poëte, et mit au jour un recueil d'odes et de sonnets, pour la plupart fort médiocres. Il en dédia quelques-uns au roi, sur divers faits contemporains. Élis d'Aurigny, son frère, fit aussi quelques poésies.

René le Normand s'occupa des milices de France, de la marine et du commerce. Il dédia pareillement un volume à Louis XIII ; en l'année 1632.

Enfin, le nom le plus honorable de cette époque, est celui de Fortin de la Hoguette, vaillant capitaine, qui, selon le témoignage des écrivains de la *Biographie universelle,* se fit remarquer « dans » toutes les occasions par son humanité, son dé- » sintéressement, et sa fidélité inébranlable à ses » devoirs. » On cite de Fortin plusieurs traits qui honorent son caractère. Il épousa, dans sa vieillesse, la sœur de l'archevêque de Paris, Hardouin de Péréfixe, connu par une *Vie de Henri IV.* Il en eut un fils qui devint archevêque de Sens. Fortin de la Hoguette publia un *Testament,* ou *Conseils d'un Père à ses Enfans,* que l'on réimprima plusieurs fois, tant en France qu'en Hollande.

Le mode de perception des impôts fut changé vers l'année 1660. Jusque-là, au moyen de *la taille,* on avait imposé chacun d'après son revenu présumé, et l'arbitraire avait presque toujours excité des réclamations. En adoptant *le tarif,* les denrées

seules furent assujéties aux droits, et chaque habitant ne paya dès-lors que selon sa consommation.
Ce changement fut agréablement reçu dans la ville,
et l'on vit les impôts, plus convenablement répartis,
s'élever en peu d'années, de 10 à 12,000 liv. jusqu'à
plus de 20,000 liv.

Ce fut en l'année 1662 que l'évêque de Séez, Roussel
de Médavy, ayant eu l'idée d'établir un séminaire
dans Falaise, éprouva une opposition violente de
la part des habitans, qui refusaient de recevoir
dans leurs murs cette nouvelle institution. Il fallut
que l'évêque eût recours à une transaction, et cédât
une partie de ses prétentions avant que l'établissement pût se former tel qu'il plut aux bourgeois de
le tolérer.

Les Protestans jouissaient, dans le même temps,
d'une certaine liberté dans la ville, et l'on peut
même voir, par une transaction du chartrier, qu'ils
y pratiquaient leur culte avec une pleine sécurité.

Vers le milieu du règne de Louis XIV, la juridiction du maire et des échevins fut rétablie, mais
seulement pour les affaires ordinaires de la commune. Les jugemens des magistrats municipaux
s'étendaient, en dernier ressort, jusqu'à la somme
de 150 fr. Un lieutenant de police, que l'on créa
quelque temps après, leur enleva bientôt la plus
grande partie de leurs attributions.

Une horrible peste désola le pays en 1693. On
croit que près de trois mille habitans durent mourir
alors dans cette ville. Le blé s'y éleva à 9 et 10 liv.
le boisseau.

Les teinturiers et les pelletiers avaient fait seuls,

comme nous l'avons vu, pendant long-temps, le commerce de Falaise ; il faut leur ajouter, dans le 17.ᵉ siècle, les couteliers et les fabricans de serges et de toiles, qui formèrent successivement de nombreux établissemens au sein de ses murs. Ces nouvelles industries devinrent même, en peu de temps, plus importantes que les premières.

Pierre Chancel, professeur de rhétorique, Bellanger Desfresnaux, avocat, et Ourry, sieur de la Chapperie, assesseur, publièrent quelques ouvrages vers la fin de cet avant-dernier siècle, et leurs noms ont ainsi échappé à l'oubli, bien plutôt que leurs écrits. Nous renvoyons, au surplus, pour ces derniers écrivains, à ce que nous en avons dit précédemment dans l'histoire plus détaillée que nous avons donnée sur Falaise. Un peintre, appelé Bonnemer, et un bourgeois du nom de Laloe, fondateur des bains de Bagnoles, sont ensuite les derniers personnages que nous ayons à mentionner pour le reste de cette époque.

En 1702, la Normandie fut menacée d'un débarquement, et les Falaisiens coururent aux côtes, des premiers, pour défendre le territoire. On vit alors se ranimer, pour un moment, l'antique esprit belliqueux des soldats normands, et l'Anglais, effrayé, n'osa même toucher le rivage. Le régiment parti de Falaise fut un des plus honorablement cités par les auteurs contemporains.

Falaise, en 1735, possédait une vicomté et un bailliage ; le vicomte exerçait en même-temps les fonctions de maire de la ville, et sa juridiction s'étendait de plus, au dehors, sur un grand nombre de paroisses. Quant au bailliage, il renfermait quatre vicomtés, de deux cent cinquante paroisses, et dix-huit hautes-justices qui en offraient encore soixante-onze. Plus de 320 paroisses ressortaient ainsi, dans ce temps, du seul tribunal de Falaise ; des magistrats, au nombre de dix-sept, y servaient à-la-fois pour le bailliage et pour la vicomté.

En cette même année 1735, le comte de Leviguen fit placer les conduits de plomb qui amènent les eaux du dehors au sein des quartiers de la ville. On n'en avait eu jusque-là que de terre ou de pierre qui se brisaient très-fréquemment. Ce bienfait fut reçu dans Falaise avec une vive reconnaissance.

Plus tard, ce même intendant d'Alençon fit élever le bel hôpital-général actuel, qui se voit aux pieds du château. Il l'acheva en moins de dix ans. Ce nouveau service, en l'immortalisant dans ces murs, le place au premier rang des bienfaiteurs de la cité (1).

En 1752, un grand événement survint dans la ville. On y recouvra, pour quelque temps, après plus de deux cents ans d'interruption, les franchises municipales. Voici comment nous avons offert ailleurs l'analyse de l'arrêt célèbre par lequel on les lui rendait :

« Par cet arrêt, l'hôtel-de-ville de Falaise était » reconstitué, et sa composition se trouvait ainsi » réglée :

» Il devait y avoir à l'avenir un maire, un lieu-» tenant de maire, deux échevins, un procureur-» syndic, un receveur et un greffier.

(1) Voir l'inscription qui le concerne, à la Note 14.

» Tous ces chefs de la commune étaient électifs,
» et devaient former ensemble le conseil ordinaire
» de la ville. Le maire, le lieutenant et les deux
» échevins ne pouvaient être élus pour plus de deux
» années ; le procureur-syndic, le receveur et le
» greffier ne pouvaient l'être que pour trois ans.

» Les assemblées générales de la commune de-
» vaient se composer en outre de vingt prud'hom-
» mes, également électifs. Ces vingt prud'hommes
» pouvaient être pris indistinctement parmi *les*
» *gentilshommes ayant domicile* , *les officiers du*
» *bailliage et autres juridictions* , *les avocats et*
» *principaux bourgeois et marchands.*

» Les élections devaient se faire de la manière
» suivante :

» D'abord le peuple, assemblé dans les paroisses,
» devait élire quarante notables de la ville, pour
» le représenter.

» La paroisse Ste.-Trinité devait nommer seize
» de ces notables ;

» Celle de St.-Gervais, seize ;

» Celle de Guibray, six ;

» Et celle de St.-Laurent, deux.

» Ces quarante notables, ainsi élus par le peuple,
» devaient se réunir, le lendemain de leur élection,
» au presbytère (1) de la Trinité, pour choisir les
» vingt prud'hommes qui feraient partie du conseil
» général de la commune.

» C'était ensuite à ces vingt prud'hommes qu'il

____

(1) On n'indiqua sans doute le presbytère, dans l'arrêt du
conseil, que parce qu'il n'y avait point alors d'hôtel-de-ville.
Plus tard, ce fut dans cet hôtel que l'on s'assembla.

appartenait

» appartenait de procéder à la nomination du lieu-
» tenant de maire, des échevins, du procureur-
» syndic, du receveur et du greffier. Ils ne pou-
» vaient les choisir que parmi eux ou parmi d'an-
» ciens prud'hommes sortis de fonctions.

» Les vingt prud'hommes devaient ensuite pré-
» senter au roi trois candidats pour la place de
» maire. Ces candidats ne pouvaient être non plus
» pris que dans leurs rangs.

» Le roi nommait le maire, et le choisissait
» parmi les candidats présentés.

» Le maire et le lieutenant de maire ne devaient
» jamais être renouvelés tous deux en même-
» temps. L'un sortait de charge une année, et
» l'autre l'année suivante. Ainsi, la commune ne
» se trouvait jamais sans chef, et celui qui restait
» *devait instruire le nouvel entrant des affaires de la*
» *ville.*

» Il était dit encore, dans l'arrêt, que lorsqu'une
» place de prud'homme viendrait à vaquer, il y
» serait pourvu dans une assemblée générale du
» conseil de la commune. Cette assemblée devait
» avoir lieu dans les quinze jours qui suivraient la
» vacation de l'emploi.

» Enfin, les prud'hommes ne pouvaient non
» plus être élus que pour trois années ; et, sortis
» de leurs fonctions, ils ne pouvaient y être rap-
» pelés qu'après un intervalle de trois autres an-
» nées, &c., &c.

» Telles étaient les bases de l'arrêt de Louis XV,
» pour la commune de Falaise, &c. »

Voilà, encore une fois, une belle institution,

dont nous pouvons regretter de ne pas jouir aujourd'hui. Les maires, les échevins et le conseil de la commune demeurèrent ainsi électifs pendant près de quinze années.

Pendant ces temps d'un régime nouveau et bien constitué, on fut témoin, dans Falaise, de grands travaux et de belles acquisitions. Nous citerons, en passant, parmi les plus remarquables :

Une caserne acquise à Guibray, pour le logement des gens de guerre ;

Deux pompes achetées pour servir dans les incendies ;

L'hôtel-Dieu reconstruit, et l'église qui l'orne aujourd'hui, restaurée et embellie ;

Une promenade créée pour les habitans, sous les murs du château fort ;

Les anciens fossés des remparts comblés, vers le midi, et livrés à la culture ;

Un chartrier fondé ;

Enfin, des plans formés pour élever une halle aux cotons, et des greniers pour la disette.

Ainsi se renouvelait, en peu d'années, l'intérieur de Falaise, et disparaissait, par degrés, cette ancienne physionomie de place forte qui l'avait exclusivement distinguée pendant près de huit cents ans. Ainsi les temps nouveaux arrivaient, et la vieille cité de Guillaume allait faire place à cette ville de transition qu'admirent les voyageurs pour ses débris du passé, s'alliant, presque sur tous les points, aux produits des arts modernes.

On rapporte à l'année 1777 le premier passage du roi Charles X, alors comte d'Artois, au sein de

Falaise. Il était jeune alors, et les habitans le reçurent avec les honneurs dus à son haut rang. Il traversa la ville au milieu des guirlandes de fleurs et sous des arcs de triomphe (1).

(1) Les détails de cette réception sont assez curieux pour que nous les conservions ici par extrait, tels qu'ils l'ont été déjà dans la *Statistique*, à la page 201 :

« A la nouvelle de l'arrivée du Prince, le conseil s'assembla,
» et arrêta qu'il serait fait sept manteaux pour chacun de
» MM. les officiers municipaux, et autant de rabats, pour
» se présenter en corps à la porte de la ville par laquelle le
» Prince ferait son entrée ; lesquels dits rabats et manteaux
» resteraient à la ville, etc. On ajouta qu'il serait de plus
» distribué des gants blancs à toute la compagnie.

» Le conseil arrêta encore que deux clefs dorées seraient
» présentées au prince, dans un bassin d'argent, avec le vin
» de ville, du meilleur qu'il se pourrait trouver.

» Enfin, il arrêta que le canon, *autant qu'on en pourrait
» recouvrer,* serait tiré lorsque le Prince arriverait, pendant
» son repas et à sa sortie.

» Les choses se passèrent en effet à-peu-près de cette ma-
» nière. Le Prince entra au bruit de l'*artillerie* et de toutes
» les cloches que l'on avait envolées.

» Quand il fut arrivé, le corps municipal, avec leurs man-
» teaux et leurs rabats, se rendit en la maison de M. de
» Ségrie, où le Prince devait dîner. Le duc d'Harcourt fit la
» présentation, et le corps municipal salua profondément le
» Prince ; qui rendit le même salut autant de fois et de la
» même manière, avec beaucoup de bonté et d'affabilité.
» Après quoi on se retira de la même manière et dans le
» même ordre. (*Extrait du compte rendu, sur les registres de la
» commune.*)

» Le Prince avait trouvé, à son arrivée, la porte de Guibray
» ornée de feuillages et de guirlandes de lierre, depuis le
» Calvaire jusqu'a la Tour-Grise. La porte elle-même était
» chargée de tapisseries et de *payoirs* de la manufacture qui
» était alors dans la ville. Pendant le dîner, on transporta

Un maire choisi par le roi, vers 1784, s'occupa
de marcher sur les traces de ses devanciers, et fit
élever l'hôtel-de-ville actuel, à bon droit regardé
comme le plus beau de nos monumens civils. A cet
acte, il joignit l'établissement des tribunaux dans
les constructions où ils sont encore aujourd'hui. Ce
maire, nommé de Mannetot, administrait encore
la ville en 1790.

Ce fut de son temps, et dans l'année 1786, que
passa dans les murs de Falaise le roi Louis XVI,
allant à Cherbourg. On se disposait à le recevoir
en souverain, quand on sut qu'il passerait sans descendre et sans s'arrêter un seul instant. On im-
provisa cependant une modeste fête, qu'un écrivain
a décrite ainsi :

« A Falaise, une surprise délicieuse l'attendait :
» cinquante jeunes filles, uniformément parées en
» blanc et en rose, furent le touchant cortége qu'il
» reçut à l'entrée de la ville. Des fleurs étaient leur
» offrande ; elles en couvrirent sa voiture, elles en
» parsemèrent sa route. Doux tableau des mœurs
» et de la simplicité, tu dus ravir un roi qui les
» honore et en sent tout le prix ! » (1)

» toutes ces merveilles à la porte le Comte, où le Prince put
» les revoir encore à son départ. L'artillerie et les cloches le
» saluèrent à sa sortie comme à son entrée.

» Tous ces faits sont consignés sur les registres municipaux
» du temps, à la date du 6 et du 12 mai 1777. On y voit de
» plus qu'il en coûta à la ville 677 liv. 10 s., tant pour déco-
» ration des portes de la ville, que pour journées faites,
» achats de manteaux, rabats, et autres objets, etc. »

(1) *Voyage de Louis XVI dans la province de Normandie,*
manuscrit trouvé dans les papiers d'un auguste personnage.
Dédié à S. A. R. Madame, duchesse d'Angoulême. Un volume in-12, 1824, page 17.

Les Alsaciens de nos jours ont accueilli Charles X comme nos devanciers reçurent son noble frère. Des fleurs et un langage sans fard, c'est tout ce que l'on peut offrir au souverain d'un peuple libre, en qui l'on ne voit plus maintenant un maître, mais bien un père et un ami.

Parmi les écrivains du siècle, nous trouvons à peine cinq ou six noms à conserver :

Foucher, médecin, fit un discours à l'académie de Caen, dont nous voyons qu'il devint membre ;

Duparc écrivit une oraison latine *sur les détracteurs des Normands ;*

Capelle mit au jour des *Épreuves faciles à tout le monde, sur les sels les plus en usage en médecine, pour distinguer les bons des mauvais,* et des *Expériences sur les Eaux minérales vitrioliques ;*

Fourneaux donna un Mémoire *sur le Plantage des Terres incultes ;* et Hélie de Cerny, une Notice concernant *les Bains de Bagnoles ;*

Lebreton s'occupa d'astronomie ;

Enfin, Angot-Desrotours, devenu l'un des directeurs de la monnaie du roi, à Paris, publia d'utiles écrits sur la partie qu'il cultivait.

Nous devons, aux noms de ces lettrés, joindre celui d'un homme de guerre qui parvint à de hauts emplois conquis par sa valeur. Nous voulons désigner Marc-Antoine de Morell, seigneur et comte d'Aubigny, devenu lieutenant-général pour avoir assuré la défaite des Anglais, à St.-Cast, en 1758. Il commandait alors sous le duc d'Aiguillon, qui, manquant à-la-fois d'habileté et de courage, lui laissa les dangers et la gloire de cette journée. Marc-Antoine de Morell descendait d'une famille illustrée dans Falaise, et même un de ses aïeux avait reçu Henri IV, et s'était trouvé vicomte au temps de la Ligue. Depuis ce temps, ils s'étaient élevés au titre de gouverneurs de la ville, qu'ils conservaient dans leur maison. Marc-Antoine s'était aussi montré avec honneur dans le Hanovre et dans la Hesse. Il mourut en 1777. Après lui, Jules-Marc-Antoine, son fils, maréchal-de-camp, porta son nom avec honneur.

Maintenant, nous voici arrivés aux temps presque contemporains, et nous n'aurons plus à signaler que quelques faits un peu plus saillans que les autres.

Les députés de Falaise à l'assemblée des Notables, furent MM. d'Oilliamson, de Mannetot, de Boisperré et Bourget ;

A l'assemblée Constituante, M. Poulain de Beauchesne ;

A l'assemblée Législative, MM. Henry-Larivière et Vardon ;

A la Convention, MM. Henry-Larivière, Vardon et Legot.

A la dernière de ces assemblées, aucun des envoyés de la ville ne vota la mort du roi.

M. Henry-Larivière, l'un d'eux, fut un moment compté parmi les orateurs les plus brillans de cette époque.

Dans ces temps, Falaise perdit de son importance, et devint le chef-lieu d'un district moins étendu que son ancien bailliage ;

On fut témoin de quelques désordres dans son sein, sans toutefois que sa paix intérieure en fût gravement compromise ;

Enfin, elle obtint de nouveau des officiers municipaux élus par le peuple, mais qui furent choisis bien souvent avec trop peu de discernement...

Il faut aussi rapporter à cette fin du siècle, la perte de son industrie, qui devint la cause de la ruine de tout ce pays :

La fabrique des serges et des draps diminua, la première, d'une manière sensible ;

Les cotons filés, qui avaient occupé dix mille bras depuis plus de vingt ans, tombèrent tout-à-coup par l'invention des mécaniques ;

La tannerie se trouva ruinée ;

La chapellerie fut maladroitement abandonnée ;

La coutellerie, enfin, disparut presque entièrement.

Il ne resta ainsi à Falaise que ses métiers à bonnets et à bas, peu importans alors et peu nombreux.

On sent combien sa situation devint, de ce moment, critique et embarrassante...

Pour dernière disgrâce, l'ancienne foire de Guibray, qui avait été jusques-là sa principale richesse et la source de sa prospérité, déclina tout-à-coup, lorsqu'on vint à ouvrir de nouvelles routes et à présenter au commerce des communications plus faciles sur les divers points des provinces. Cette dernière perte fut la plus sensible, en ce qu'elle ne pouvait jamais être compensée par d'autres institutions analogues. Elle acheva d'accabler cette ville, qui n'a pu, jusqu'à ce jour, et ne pourra de long-temps sans doute se relever des atteintes nombreuses qu'elle eut alors à supporter...

Au commencement du siècle actuel, la municipalité de Falaise fut instituée telle qu'elle existe encore aujourd'hui. Elle eut un maire, deux adjoints et un conseil nommés par le chef du Gouvernement. Le premier maire fut M. Valois de St.-Léonard.

L'arrondissement remplaça le district, et un sous-préfet fut chargé de cette administration. Ce fut M. Belleau qui remplit cette fonction dans les premiers temps.

Le tribunal civil, organisé vers la même époque, devint une de ces institutions qui semblent destinées à se maintenir pendant long-temps. Celui que l'on appela le premier à présider ce tribunal, fut M. de la Normaudière.

Le tribunal de commerce, les deux justices de paix de la ville, existaient depuis dix ans déjà, et se sont maintenus jusqu'à nous, sans changement. Le premier président du tribunal de commerce fut M. Crespin.

En 1802, le collége fut institué sous les auspices du nouveau maire. Le fondateur, M. Choron, eut une grande idée qu'il ne put réaliser. Il laissa bientôt l'établissement à M. Hervieu, qui le porta au point de prospérité où il s'est maintenu jusqu'en 1815.

En 1805, M. d'Arthenay fut appelé à siéger à la Chambre législative de l'empire, comme envoyé de Falaise.

En 1810, il reçut la même mission, et siégea pendant cinq nouvelles années.

En 1811, Napoléon passa dans Falaise, en allant à Cherbourg; et lorsqu'il en revint, il s'arrêta quelques instans au château de la Fresnaye. On le vit peu, et son rapide passage coûta néanmoins, dit-on, plus de 20,000 fr. à la ville.

En 1812, un instant de disette survint, et le peuple fit un léger mouvement : nul désordre n'en fut toutefois la suite ;

En 1814, on accueillit la restauration avec calme; mais le 20 mars et le retour inattendu de Bonaparte, en 1815, amenèrent la discorde dans la ville et jusqu'au sein des familles. Heureusement, un administrateur modéré (M. Lelièvre, un moment sous-préfet) sut prévenir les excès et empêcher l'effusion du sang. Le peuple reçut avec joie le second retour des Bourbons, espérant jouir enfin bientôt d'un avenir un peu meilleur (1) ;

M. Morel, procureur impérial, avait été représentant de Falaise au Champ-de-Mai, pendant les cent jours.

En 1816, on élut des députés, et M. Picquet, avocat général à Caen, fut choisi pour représenter Falaise. Il ne siégea que pendant une année à la Chambre législative ;

En 1816, M. de Labbey, maire actuel, remplaça M. de St.-Léonard, et l'on dut à sa nouvelle administration plusieurs travaux assez importans. Ce fut alors que l'on s'occupa sérieusement d'une halle aux blés, dont le besoin se faisait surtout sentir ;

M. Bazire, avocat à la cour de Caen, fut nommé député de Falaise, en 1821 ;

Le même, devenu magistrat, fut de nouveau député de cet arrondissement, en 1824 ;

(1) Voir à la Note 15 des couplets populaires qu'on chanta beaucoup à Falaise, au milieu des réjouissances de la seconde restauration. Guillaume en était le sujet et le héros.

Enfin, en 1827, M. Fleury le jeune, maire dé Villy, fut appelé à représenter à son tour ce pays à la Chambre qui subsiste encore aujourd'hui.

Voilà tout ce que nous pouvons consigner sur les faits contemporains.

Deux légistes distingués de cette ville, moururent en l'année 1817 :

M. Picquet, qui avait été avocat, magistrat, législateur, et dont les talens avaient occupé le premier rang au barreau de Caen, pendant dix ans au moins ;

M. Blâcher, ancien avocat, devenu président du tribunal civil de l'arrondissement, et non moins honoré pour ses connaissances profondes, que pour son intégrité.

En 1814, un jeune écrivain, qui avait annoncé un talent distingué, se donna la mort en cette ville, où il était né. Il se nommait Faucillon, et appartenait à une famille ancienne parmi les bourgeois. On connait de lui un recueil de *Poésies* qui a vu le jour, et une tragédie de *la Châtaigneraie*, encore inédite.

Dans la même année et dans le même mois, mourut M. André, baron de la Frenaye, issu d'une famille de magistrats de l'ancien bailliage. M. de la Frenaye a laissé une *nouvelle Histoire de Normandie*, un vol. in-8.º ; une *Notice sur Falaise*, in-8.º, et plusieurs Mémoires sur *les Chemins de l'arrondissement et du département*, sur la *Race des Chevaux normands*, et sur divers autres sujets d'intérêt public. Écrivain médiocre, il paraissait du moins animé toujours d'excellentes intentions.

Après lui, et depuis deux mois seulement, la ville a perdu le maréchal-de-camp Lecouturier, parti de ces murs au commencement de la révolution, pour servir comme volontaire dans nos armées. Il a fait toutes les campagnes de l'empire, jusqu'en 1815, et, depuis sa retraite, il a publié plusieurs utiles écrits, parmi lesquels on cite son *Dictionnaire portatif et raisonné des Connaissances militaires,* dédié aux élèves de nos écoles de St.-Cyr et de la Flèche. Le général Lecouturier se distingua surtout à la défense d'Ancône, en 1799, et à celle de Hambourg, en 1814, où il commandait, en second, sous le maréchal Davoust, prince d'Eckmull.

Il nous reste à dire un mot des Falaisiens les plus distingués dans les lettres, qui existent encore aujourdhui :

M. Henry-Larivière, après avoir brillé à nos premières assemblées législatives, passa près de vingt années en émigration, et reparut, en 1814, avec Louis XVIII, qui le nomma avocat-général près la cour de Cassation ; depuis, il a été appelé à siéger comme conseiller à la même cour. M. Henry-Larivière a publié plusieurs brochures politiques ; un livre intitulé : *L'heureuse Nation,* ou *Relation du gouvernement des Féliciens;* une *Anthologie française,* et il est connu surtout dans le monde par une foule de poésies légères, pleines d'esprit et de finesse.

Madame de Souza, née Filleul, élevée à l'école de Marmontel et des beaux esprits du dernier siècle, épousa d'abord M. de Flahault, qu'elle vit périr misérablement ; après quoi, pour oublier ses malheurs, elle cultiva les lettres, et publia quelques romans très-estimés ; au temps de l'empire, elle épousa un ambassadeur de Portugal, qui l'établit dans le haut rang où elle est encore aujourd'hui placée. Parmi ses romans, on cite principalement *Adèle de Senanges*, *Émilie et Alphonse*, &c., &c.

M. David, long-temps consul dans le Levant, se trouvait consul-général à Smyrne quand éclata l'insurrection des Grecs, en 1822 ; il rendit de très-grands services à ce peuple malheureux, qui l'en remercia plus d'une fois publiquement dans des actes solennels. Ce fut M. David qui forma un institut académique à Smyrne, en 1826. Depuis sa rentrée en France, il y a trois ans, il a mis au jour un poëme qui porte le titre de l'*Alexandréïde*.

Ces trois personnages principaux n'habitent point Falaise depuis long-temps. Parmi ceux au milieu desquels nous vivons, nous citerons M. l'abbé Langevin, auteur des *Recherches historiques sur Falaise*; et M. Alphonse de Brébisson, connu, entre autres, par ses *Mousses de Normandie*. Le second est jeune encore, et tout lui présage une carrière brillante et bien remplie.

Le 15 Avril 1830.

N. B. *Les armes de Falaise offrent un écusson, avec trois tours d'argent semées sur un champ de gueules. M. Alph. de Brébisson les a dessinées, et elles se voient, en vignette, au titre de cet ouvrage.*

HISTOIRE

ET

DESCRIPTION DE FALAISE.

DEUXIÈME PARTIE.

DESCRIPTION.

Aspect général.

C'EST au haut de la roche de Noron, et sur le point que l'on a surnommé *le Pendant* ou *le Mont-Mirat, mons mirabilis,* que doit se placer l'observateur, pour se faire une idée générale de la ville et de ses environs.

A droite, se voit la route de Bretagne, le bois et l'herbage de la Courbonnet, l'hôpital-général, le grand cours et la riante prairie de l'Ante, sur laquelle l'œil charmé s'arrête et plonge presque d'aplomb ;

En face, le château se présente avec ses précieux débris, son vieux donjon, sa grande tour et tous ses souvenirs ;

Au-dessus, et pour ainsi dire à travers les ruines étendues sur le premier plan, apparaît Guibray, dont le groupe serré forme à lui seul comme une petite ville ;

A gauche, se montre la vieille cité jusqu'au-
delà de St.-Gervais, et le Valdante, avec la route
de Caen et le vallon de St.-Laurent;

Enfin, à l'entour, et sur des plans divers, plus
ou moins rapprochés, se distinguent le château de
la Frenaye, celui du Mesnilriant, celui de Versainville, la plaine, les bruyères, la chaîne des
montagnes d'Auge et celle du pays Hiémois....

Au sommet de la grande tour, la même vue se
reproduit, et avec plus de charme encore. Là, du
moins, les souvenirs sont plus vifs et plus énergiques. Les Guillaume, les Henri d'Angleterre,
les Philippe-Auguste, les Talbot, les Dunois, le
Béarnais, apparaissent aux pieds des murs, qu'ils
repeuplent de leurs vieilles ombres. On s'arrête
pour y rêver, et aux siècles qu'ils illustrèrent. On
citerait peu de lieux, en France, plus propices que
celui-là à de fortes inspirations (¹).

D'autres points, dans les environs, sont encore

---

(1) Il semble que M. C. Delavigne l'ait eu en vue, lorsque,
quittant la France en 1826, il s'écriait, en songeant aux vieux
monumens et aux merveilles poétiques de la Normandie :

Elle me montre au nord ses murs irréguliers
Et leurs clochers pieux sortant d'un noir feuillage
Où j'entendis gémir, pendant les nuits d'orage,
 Et la muse des chevaliers,
 Et les spectres du moyen âge ;
Ses vieux donjons normands, bâtis par nos aïeux,
Et les créneaux brisés du château solitaire
Qui raconte leur gloire, en parlant à nos yeux
 De ce Bâtard victorieux
 Dont le bras conquit l'Angleterre.

MESSÉNIENNES NOUVELLES, *page 23.*

très-favorables pour bien observer la ville. Nous citerons, entre les principaux :

A l'ouest et au midi, le Mont-Bezet, la route de Bretagne et la bruyère de la Courbonnet ;

A l'est, la chaîne des rochers de St.-Clair et le haut de la plaine de Guibray ;

Au nord, la petite colline de Rougemont et le chemin de Versainville ;

Au nord-ouest, enfin, la grande route de Falaise à Caen, et le chemin de Longpré, &c., &c.

Tels sont les emplacemens d'où Falaise peut être étudiée, dessinée, et reproduite avec sa singulière physionomie de ville de deux époques.

Autrefois on disait qu'elle ressemblait à « une » nef estroicte et longue, décorée seulement de trois » rues, dont il y en avoit deux qui s'étendoient » d'un bout à l'autre. »

Aujourd'hui, cette ancienne forme se voit encore, et elle a été seulement agrandie et prolongée au dehors, à mesure que les faubourgs se sont joints à l'intérieur, et que les remparts effacés ou les portes tombées, ont servi d'emplacemens à de nouvelles demeures. Ce mélange de débris et de monumens récens, est d'une bizarrerie et d'une originalité qui surprend surtout les voyageurs. L'un d'eux exprimait dernièrement son admiration pour Falaise en ces vers que nous croyons devoir conserver ici dans leur langue naturelle :

> Reclining on the rocks, FALAISE,
> That front thy still majestic towers,
> Ah me ! what dreams of other days
> Shed glory on the passing hours !
> The Window'd keep, the yawning breach,

> Moss mantled vault, and chiming bell,
> Creneille, crag, moat, and dungeon, each
> Had some old feudal tale to tell :
> Whilst in each form that stood beside
> Thy fountains dancing into day,
> So quaintly coif'd, methought I spied
> Thy peasant-princess of VERPREY.
>
> It was a pride — I ask not why —
> To stand where stood her potent son,
> And think that Time himself must die,
> Ere three such realms again be won ;
> But let that pass, etc., etc............... (*)
>
> *Farewel to Normandy,* vers 37 et ss.

Un autre Anglais, Dibdin, émettait l'opinion suivante sur Falaise, dans une lettre où il la comparait à Caen, qu'il venait aussi de visiter :

« Pour moi et pour tous ceux qui aiment une
» société choisie, un climat doux et une abondante
» variété archéologique ; pour tous ceux, en un
» mot, qui voudraient lire les fabliaux des vieux

______

(*) « Assis sur les rochers qui font face à tes tours si ma-
» jestueuses encore, ô Falaise ! quel charme n'ai-je pas
» éprouvé en me rappelant le souvenir des temps qui ne sont
» plus ! Le donjon percé de fenêtres, la brèche ouverte, la
» voûte chargée de mousse, la cloche et son carillon, ces
» créneaux, ces rochers, ces fossés, ces souterrains, tout
» m'a redit quelque vieille histoire des siècles féodaux ; et,
» près de tes fontaines jaillissantes, dans chacune de ces
» femmes à la coiffure bizarre, mais gracieuse, qui viennent
» s'y rassembler, il m'a semblé revoir encore ta princesse-
» bourgeoise Verprey. » (Arlette.)

« Je ne sais, mais je me trouvais glorieux de fouler le sol
» qu'avait foulé son fils puissant ; j'étais fier de songer que le
» temps lui-même cesserait d'être avant qu'un autre recom-
» mençât une telle conquête des trois royaumes, etc...... »

Ce passage est de M. WIFFEN, qui a traduit en anglois la

Bardes

» Bardes Normands, qui voudraient les lire en
» paix, avec charme et recueillement, alors la
» question (entre les deux villes) n'est plus dou-
» teuse, et la préférence appartient au lieu d'où je
» vous adresse ma dernière épître normande. »(¹)

Ces opinions d'étrangers célèbres, seront sans
doute moins suspectes de partialité que les descriptions que nous pourrions présenter nous-mêmes
sur cette ville et sur le pays.

TOPOGRAPHIE.

Falaise est située sous le 48° 53' 56" de latitude,
et sous le 2° 35' 40" de longit. occident. de Paris.

Son territoire, cadastré en 1829, se compose de
1209 hectares ou arpens métriques, sur lesquels,
en labour, 781 hect. ; en pâtures, 13 hect. ; en
prés, 98 hect. ; en vergers, 80 hect. ; en jardins,
66 hect. ; en futaies et taillis, 17 hect. ; en bruyères,
9 hect. ; en pépinières, étangs, &c., 4 hect. ; en

Jérusalem délivrée, du Tasse, et les poésies de Garcilasso.
M. Wiffen, dans son chant d'adieux, s'adresse ainsi à ceux
qui lui ont servi de guides dans cette ville :

> For still before my memory flit
> The forms of cheerful LANGEVIN,
> And those whose kindnesses no song
> From lips like mine ean e'er repay ;
> Farewell, accomplish'd GALBRON !
> Adieu the halls of mild FRENAY (la Frenaye).

L'urbanité, la cordialité du poëte Wiffen ne s'effaceront
non plus jamais du souvenir de ceux auxquels il a consacré
ces vers.

(1) *Voyage archéologique et pittoresque en France*, tome II,
page 316 de la traduction française, par M. Théod. Licquet.

rochers, friches, 6 hect; en constructions de tous genres, 135 hect.

Les abornemens sont : Versainville, Éraines, la Hoguette, St.-Pierre-du-Bû, St.-Martin-du-Bû, Noron et Aubigny.

Le sol, inégal et varié, se divise naturellement en trois parties :

La partie haute (Guibray), qui se compose d'un fonds calcaire ;

La partie moyenne (la vieille ville), qui s'assied sur une roche schisteuse ;

Les quartiers bas (la Roche, le Valdante, St.-Laurent), qui reposent sur des fonds d'argile recouverts de couches végétales très-épaisses.

Çà et là, au nord, à l'ouest, et même au sud, apparaissent des crêtes de grès quartzeux, couronnées de terreaux noirs ou de sables oolitiques.

C'est sur une de ces roches saillantes que se montre le château fort, à la pointe la plus occidentale et la plus escarpée de la vieille ville.

Les variations de la température sont fréquentes et brusques à Falaise, dans presque toutes les saisons. On remarque généralement deux degrés de différence entre les thermomètres de Guibray et ceux de la basse ville, pendant les grands froids.

La plus forte température d'hiver a été, cette année, par extraordinaire, de 17 degrés au-dessous du point de congélation. D'ordinaire, elle n'est que de 10 degrés. Les principales chaleurs sont de 25 degrés au plus.

Les vents d'ouest sont dominans pendant l'automne surtout, et pendant l'hiver ; les vents d'est et de nord soufflent souvent pendant une partie du printemps. Ces vents, froids, desséchans, sont funestes pour la végétation.

La grêle et les orages causent rarement de grands désastres.

L'Ante, venue de Saint-Vigor, traverse la basse ville dans toute sa longueur, et fait mouvoir neuf moulins à blé, deux moulins à tan, un à huile, et quatre filatures de coton, sur le territoire de la commune. La vieille ville est approvisionnée d'eau par quelques puits et par les fontaines venues du dehors. Guibray est pourvu de puits et de citernes en abondance.

A Saint-Clair, se trouve un petit ruisseau, et à Vâton une fontaine d'eaux minérales ferrugineuses. On fait peu d'usage de ces dernières depuis quelques années.

A Falaise, il n'existe pour ainsi dire aucune maladie contagieuse. Les affections auxquelles on y est le plus sujet, sont la pthisie et les inflammations d'entrailles et d'estomac. On y voit beaucoup de vieillards, et les naissances, presque tous les ans, y sont d'un dixième supérieures aux décès.

DIVISION PAR QUARTIERS.

Six quartiers composent la ville :

La vieille ville, ou la cité, qui embrasse toute l'ancienne enceinte des remparts, depuis la pointe du château fort, à l'ouest, jusqu'à la porte le Comte, au nord-ouest ;

Le Valdante, qui s'étend dans le vallon, depuis le pied des rochers qui supportent la citadelle, jusqu'à la chaussée de la route de Caen ;

St.-Laurent, qui comprend toute l'autre partie du vallon, au-dessous de la route de Caen, et le petit village de Vâton, un peu plus éloigné;

Guibray, qui se compose de ce groupe serré de maisons où la foire se réunit au mois d'août, et qui forme, depuis la Frenaye et St.-Jean, comme une espèce de petite ville indépendante de la cité;

Le Camp-de-Foire, qui renferme l'hôpital-général et toutes ces habitations qui s'étendent vers l'Ormeau, au sud de Falaise;

Enfin, la Rue-Brette, ou la Courbonnet, à laquelle on réunit la route de Bretagne, et tout ce qui se trouve au sud-ouest de la ville.

Telle est Falaise.

Au nombre de ses rues principales, on cite, dans la vieille ville, la Grand'rue, la rue du Campferme, la Basse-Rue, la rue d'Acqueville, la rue du Cheval-Noir, la rue de Caen, la rue d'Argentan, la rue de la Pelleterie, &c.; et à Guibray, les rues du Pavillon, de Trun, de Rugles, de Falaise, &c., &c.

Parmi les places, les plus remarquables sont: la place Trinité, la place du Marché ou de Saint-Gervais, dans la ville; et la place du Marché aux Chevaux, à Guibray;

Les rues les mieux bâties, sont celles d'Argentan et de Caen;

La place la plus monumentale et la plus élégante, malgré son irrégularité, est celle de la Trinité.

Le plan de la ville a été terminé dernièrement. On y voit le tableau exact de la situation de Falaise à l'époque où nous écrivons.

DIVISION PAR PAROISSES.

Les six quartiers se divisent en quatre paroisses :

Celle de Ste.-Trinité, embrassant la moitié occidentale de la vieille ville, avec la Rue-Brette, le Valdante en grande partie, et la route de Caen ;

Celle de St.-Gervais, renfermant l'autre moitié de la cité, et la rue de Saint-Laurent jusqu'à la rivière ;

Celle de St.-Laurent, composée du quartier de ce nom, et du hameau de Vâton ;

Enfin, celle de Guibray, comprenant toute la masse d'habitations qui se montrent sur la hauteur, et de plus les groupes de la Frenaye, de St.-Jean et du Camp-de-Foire.

Les paroisses de Ste.-Trinité, de St.-Gervais et de Guibray, ont le titre *de cures*, et celle de Saint-Laurent seule aujourd'hui le titre de *succursale*.

DIVISION PAR JUSTICES DE PAIX.

La ville se partage en deux divisions de justices de paix :

Les maisons des paroisses de Sainte-Trinité et de Guibray, appartiennent à la première division ;

Celles de St.-Gervais et de St.-Laurent, appartiennent à la seconde.

Ainsi, c'est la subdivision religieuse de la ville qui sert de base à cette circonscription, à l'exception toutefois de quelques maisons du Valdante et de St.-Gervais, vers le centre de la cité, qui se trouvent, on ne sait pourquoi, distraites des attributions du juge de la deuxième section, et placées dans la première.

Neuf communes du dehors dépendent du premier canton, et vingt-neuf dépendent du second.

Cette distribution est vicieuse, et sera nécessairement un jour plus sagement combinée.

MONUMENS ET CONSTRUCTIONS.

, Nous passerons d'abord en revue les édifices de la vieille ville, et nous parcourrons ensuite rapidement les constructions modernes. Nous nous arrêterons aux objets les plus dignes d'attention.

LE CHATEAU FORT.

Ce monument, le plus remarquable de Falaise, est en même-temps un des plus renommés, des mieux conservés et des plus majestueux de la province.

Il est situé à l'ouest de la ville, et assis sur une masse de hautes falaises qui bordent le courant de la petite rivière d'Ante. Sa forme représente à-peu-près un carré long, dont un des angles se termine en pointe vers le midi. Son entrée principale est tournée vers la ville, dans la direction du sud-est. On y voyait autrefois des poternes ou entrées souterraines, au nord, à l'ouest et au midi ; elles ont maintenant disparu.

L'espace renfermé dans l'enceinte du chateau fort est d'un hect. 53 ares 75 cent. (environ 2 acres). Des remparts de 15, 20, 30 et 40 pieds d'élévation, le défendent de tous côtés ; ils reposent sur le roc vif, comme le reste de la cité. Les remparts de l'ouest et du midi, plus élevés que les autres, se montrent flanqués de hautes tours qui les soutiennent. Des tours du même genre se voient pareillement sur plusieurs autres points de la muraille. On en compte quatorze encore sur toute l'étendue de l'enceinte.

La forteresse est à la pointe la plus escarpée vers le nord-ouest, dominant tout le vallon, et semblant menacer la masse énorme de Noron, qui se voit de l'autre côté. L'ennemi ne pouvait approcher du pied des murs qu'en gravissant de hauts rochers presque partout inaccessibles. La faim seule semblait pouvoir chasser les assiégés de cet asile inexpugnable.

Un vieux donjon et une haute tour composaient toute la forteresse.

Le donjon offre une masse carrée de 60 pieds à-peu-près en tous sens, sur 15, 25, 40, et même 60 pieds d'élévation sur les différens côtés. Les deux grandes façades du nord et du midi sont soutenues, dans toute leur hauteur, par cinq énormes contre-forts de 27 à 30 pouces de saillie, et revêtus de pierres de taille d'échantillon, de 8, 10, 12, et même 15 pouces de longueur, sur 7 à 10 d'épaisseur, selon les assises. Le pied des murs est également revêtu de ces mêmes pierres jusqu'à 10, 15, 20, et même 30 pieds d'élévation sur quelques-unes des faces. Le reste offre un remplissage de moëllons et de pierres grises, couchés par lits et en arrêtes.

Les murs ont 9 pieds 9 à 10 pouces d'épaisseur dans la partie la plus élevée, et quelque chose de plus dans les fondemens. L'intérieur en a été construit à bains de chaux, et les pierres y ont été jetées pêle-mêle avec la matière; les surfaces ont seules reçu une disposition régulière. La chaux, mélangée simplement de sable, n'offre que sur un petit

nombre de points de légers fragmens de charbon.
Le ciment ne se remarque qu'au revêtement extérieur, et jusqu'à quelques pieds seulement au-dessus
du sol; il est rouge, placé entre chaque assise, et
d'une qualité qui semble être supérieure.

La pierre de revêtement est d'une nature solide,
qui n'a subi jusqu'à ce jour aucune espèce d'al-
tération.

Deux étages formaient tout l'édifice.

Celui du bas, taillé dans le roc, offrait seulement
quelques appartemens souterrains, et l'on y descendait par un escalier pratiqué dans l'épaisse muraille du nord, où sa porte masquée se voit encore
aujourd'hui. Il était uniquement destiné aux approvisionnemens intérieurs. On n'y pénètre plus depuis
près de cinquante ans.

Le second étage était divisé en salles et en chambres, dont les murs de séparation ont disparu,
ainsi que la couverture. Là se trouvaient *les salles
Talbot*, ornées de peintures à fresque, dont les
restes se voyaient il y a moins de quarante ans. Un
emplacement de cheminée se remarque même encore, au sud, dans l'épaisseur de la muraille. C'est
près de-là que l'on aperçoit, à l'une des fenêtres,
cintrée à la romane, un chapiteau sculpté, de la
plus monstrueuse composition. On reconnaît, à ce
travail, la grossièreté du 10.ᵉ siècle. La plus grande
partie de l'édifice, en effet, doit remonter à cette
époque. Les autres chapiteaux, à enlacemens et à
figures, semblent déceler des arts un peu moins
barbares. Les cintres sont tous romans, et parfaitement conservés.

Au sud, et à l'un des angles saillans en dehors du donjon, se trouvait la chapelle St.-Prix, longue de sept pieds environ, sur une largeur de plus de six pieds. Cette chapelle était voûtée, et l'autel était au levant. On n'y pénétrait que par une ouverture disposée en dehors du donjon, vers l'est. Le jour y arrivait par une étroite fenêtre pratiquée dans le mur du sud.

A l'angle opposé, au nord, se trouve une modeste chambre, où naquit, selon quelques-uns, le plus illustre des Normands. On s'étonne de la petitesse de cet appartement, qui n'offre que sept pieds de longueur, sur six pieds quatre pouces en largeur, avec un enfoncement, en forme d'alcove, qui semble creusée dans le mur même, et n'est profonde, sur tous les points, que de quatre pieds tout au plus. C'était-là cependant, à ce qu'on assure, que se retiraient nos vieux ducs pour chercher le repos auprès de leurs compagnes, et ce fut là que dut être reçue Arlette par celui qui devait bientôt la rendre mère d'un héros :

> ......Tôt fut la porte défermée,
> Et tôt cissi l'ont ens menée
> *De ci qu'en la chambre voutice*
> Ou out maint ymaige peintice
> A or vermeil et a colors......(1)

On ne retrouve plus, il est vrai, dans ce lieu, ni l'or vermeil ni les couleurs; mais la voûte est

(1) Aussitôt la porte lui fut ouverte, et aussitôt ils la conduisirent *jusque dans la chambre voûtée*, où mainte image était représentée en or vermeil et en couleurs.

Benkoit de Ste.-Morb. Estoire è Généalogie des
Ducs qui unt été par ordre en Normendie.

encore marquée, et la retraite était d'ailleurs assez bien choisie pour une entrevue comme celle d'Arlette et de Robert : un jour trop vif n'en troublait point le doux mystère, et le tumulte du dehors ne devait guère y pénétrer ; les vents mêmes, dans leur furie, ne pouvaient jamais ébranler les murs énormes qui l'entourent !

Près de-là, sur le même côté, se voit un dernier appartement étroit, qui semble avoir été pareillement taillé dans l'épaisseur de la muraille. On n'y pouvait renfermer qu'un ou deux hommes en même-temps, et ceux dont on se défiait au point de les garder à vue. C'était sans doute, dans le principe, une prison réservée pour les plus illustres captifs. Noble Arthur ! ce fut-là, dit-on, que tu languis pendant quelques mois, avant d'aller chercher la mort, au sein des noirs cachots de Rouen, par les mains d'un prince cruel !...

Un mur exhaussé, en forme de parapet, devait exister au-dessus du second étage. On combattait de-là, et l'on dominait sur les alentours. Le grand toit qui recouvrait l'édifice et le plancher de cet étage, ont disparu dans le dernier siècle.

Telle était, et tel est même encore en partie, de nos jours, le vieux donjon de Falaise, dont la très-haute antiquité ne peut du moins être contestée. Personne encore n'a pu, jusqu'à ce jour, assigner une date certaine à sa fondation. Quant à nous, nous l'avons dit, et nous le répétons, nous le croyons antérieur à Guillaume, et du milieu ou de la fin du 10.ᵉ siècle.

Deux petits donjons ont été construits plus tard,

en dehors, vers l'ouest et les rochers. L'un, étroit, profond, sans ouverture, dut servir de prison de guerre ; les murs en sont noirs, et l'on n'y pénètre encore qu'avec une certaine horreur. L'autre, plus grand, offrant des traces de distribution intérieure et d'élégantes fenêtres à trèfles et à ornemens gothiques, servit probablement de demeure à quelques-uns des chefs. On y voit des meurtrières rondes, comme on en ouvrit aux murs des forteresses, après la découverte des armes à feu ; peut-être ne remonte-t-il point au-delà du 15.ᵉ siècle. On y a placé de nos jours un petit magasin à poudre.

La grande tour, qui doit nous occuper maintenant, est séparée du vieux donjon par une large muraille de quinze pieds d'épaisseur, dans laquelle avait été pratiqué le passage intérieur de communication. Un passage extérieur se remarque aussi maintenant entre les deux édifices, au sommet de cette muraille, disposée en terrasse, et l'on s'introduit, à ce point, dans la tour par une porte étroite de sept pieds environ de hauteur ; mais cette porte et ce passage, en vue de l'ennemi, ne devaient point subsister dans le temps des siéges. On pouvait les supprimer aisément au moyen d'un exhaussement de la muraille jusqu'à la hauteur du donjon ou de la tour.

La porte intérieure, garnie d'une herse de fer, dont l'emplacement se retrouve encore, était la seule ouverture pour pénétrer dans cette dernière retraite des assiégés. Là, l'ennemi, maître de la ville, et même du reste de la forteresse, pouvait éprouver encore une très-forte résistance. Il lui devenait d'autant plus difficile de triompher, que le peu de largeur du passage rendait impossible, sur ce point, le jeu des machines et la réunion d'un grand nombre de combattans.

La tour, élevée de plus de cent pieds au-dessus du sol, se divisait en quatre étages qui servaient de logement à ses défenseurs. Le jour y pénétrait par de longues ouvertures de trois pouces de largeur, sur six pieds de hauteur, et par deux fenêtres carrées qui se montrent aux étages supérieurs, vers le sud-est. Les planchers, soutenus par des voûtes en pierre, offraient à leur centre un rond point qui servait à descendre les fardeaux d'un étage à l'autre, et à transmettre promptement les ordres. Des escaliers tournans, pratiqués dans la muraille, menaient aux différens points de l'édifice, depuis le sommet jusqu'au bas. Au-dessous du dernier étage inférieur, existe une espèce de cachot souterrain, où l'on ne pénètre que par l'ouverture ronde ménagée dans le plancher. Le jour n'arrive point jusqu'au fond de cet abîme.

Un puits, ménagé dans toute la hauteur de la muraille, jusqu'aux étages les plus élevés, devait fournir de l'eau dans toute cette partie de la forteresse, quand elle ne communiquait plus avec le reste du château. Il serait difficile de connaître à quelle profondeur descendait ce puits, parce qu'un grand nombre de pierres l'ont encombré depuis long-tems. On peut croire toutefois qu'il s'enfonçait fort avant au-dessous du sol, et correspondait à quelques chemins souterrains qui conduisaient en dehors de la forteresse. Quand tout espoir était enlevé aux assiégés, ils pouvaient se soustraire encore, par ce point, à la fureur et au glaive de l'ennemi.

Il y avait quatre étages, comme nous l'avons dit, à la tour, et à vingt pieds de distance les uns des autres. Celui du haut offrait seul une cheminée creusée dans la muraille, et c'était celui-là probablement qu'occupait le commandant de la tour.

Un rang de doubles créneaux régnait en couronnement au sommet de l'édifice, à trois pieds de saillie en dehors. Il était de plus recouvert par un large toit plat, en tuile, qui le préservait de la pluie. Les eaux étaient portées, par de longues gouttières, vers les points les moins fréquentés extérieurement.

Le diamètre, à la partie moyenne, est de quarante pieds environ, les murs compris ; il y a une légère différence, en plus ou en moins, à mesure que l'on descend vers les fondemens, ou que l'on s'élève vers le sommet. L'épaisseur moyenne des murs est d'un peu moins de dix pieds. Ils sont construits en belles pierres de taille d'échantillon, tirées des carrières d'Occaigne ou de St.-Martin, près Argentan. Les assises ont en général de dix à douze pouces de hauteur.

Voilà quelle est, ou du moins quelle était encore la grande tour, il y a cinquante ans environ. Les changemens qu'elle a éprouvés sont jusqu'ici peu importans : deux des planchers ont disparu par suite de la négligence que l'on a mise à les entretenir ; le toit a été enlevé et remplacé par une voûte qui semble devoir préserver plus efficacement tout

l'intérieur de l'édifice ; les escaliers du bas sont dé-
gradés, mais celui du haut est en très-bon état.
En somme, ce monument, d'une très-belle construction et d'une conservation presque entière,
semble être destiné à résister encore pendant des
siècles à l'effort du temps. Quelques soins de l'administration, et de petites sommes convenablement
employées à son entretien, le maintiendront dans
toute sa beauté. Il restera le témoin muet des événemens passés, pour les générations qui se succé-
deront aux pieds de ses murailles.

La grande tour fut élevée pendant la dernière
invasion des Anglais, de 1418 à 1450. Talbot commandait alors dans la ville, et ce fut par ses ordres
que s'exécuta ce grand ouvrage. C'est de lui, comme
on l'a déjà fait observer, que l'on a continué à désigner le monument sous le nom de *tour Talbot* (1).

Les autres parties du château n'offrent pas le
même degré d'intérêt que la tour et le donjon. Le
puits, la chapelle, quelques pans des remparts et
les souterrains, méritent seuls de nous arrêter.

Le puits est au milieu des jardins actuels, à
quelques pas du rempart méridional. Sa profondeur

(1) On va prochainement, enfin, terminer les travaux com-
mencés en 1823, pour recouvrir la tour au moyen d'une
large voûte. Des dalles seront, dit-on, placées sur la plate-
forme, avec un petit parapet à l'entour, pour la sûreté de
ceux qui visitent le monument. Nous recommandons surtout
aux voyageurs de se placer sur ce point élevé de la forteresse,
le soir, quand la nuit commence à envelopper l'horison d'un
voile mystérieux, et le matin, au moment où l'orient jete
ses premiers feux sur le vaste tableau. Ce spectacle est d'un
grand effet, et tout-à-fait digne de les arrêter.

est de cent pieds, et il a été creusé dans le roc vif, avec un diamètre uniforme de douze pieds. Il communique, dit-on, avec des souterrains que l'on retrouverait aisément. C'est un travail hardi et d'une belle exécution. Les eaux ne tarissant jamais, à ce qu'on assure, devaient suffire, pendant les siéges, aux besoins des garnisons reléguées sur ce rocher.

La chapelle était dédiée à S. Nicolas, comme celles d'un très-grand nombre d'anciens châteaux. La muraille de chevet est encore de première date, c'est-à-dire, du temps de Guillaume ; les cintres ronds, les bourrelets, et quelques corbeaux grossiers, rappellent cette époque, ainsi qu'une grande arcade intérieure, au milieu de l'édifice, soutenue par de fortes colonnes et des chapiteaux normands. Au midi, sont deux croisées gothiques, sans élégance. Tout le reste est moderne, et n'offre rien de remarquable.

Cette chapelle sert encore au même usage aujourd'hui pour les élèves du collége. Les autres bâtimens qui l'environnent, peu dignes d'attention pour la plupart, ont également été disposés pour recevoir des écoliers. Ainsi, cet ancien théâtre de guerre est maintenant converti en une plus douce arène, et les modestes travaux de l'enfance ont succédé au fracas des armes. Heureuse en cela, du moins, notre génération, qui sait diriger les esprits vers de plus utiles résultats et de plus nobles inspirations.

Les souterrains courent en sens divers sous le château, en se dirigeant sur la ville ou vers l'extérieur. Il y en avait un principal, sous la grande terrasse, qui communiquait au dehors par une poterne située au midi , entre deux tours ; un autre , au fond du verger, menait à la rivière et aux vallons, vers l'ouest ; un troisième gagnait le dessous du donjon. Les embranchemens qui conduisaient vers la ville, n'ont point été recherchés , et sont peu connus. Tous sont maintenant remplis sur un grand nombre de points.

Les remparts sont de divers siècles , et les plus anciens doivent être ceux de la pointe méridionale, vers l'étang et le grand cours. Un des pans , en cet endroit , près de l'ancienne *porte du Château* , est en maçonnerie de fragmens de roches dégrossies et en arrêtes. Les tours d'appui, de ce côté , semblent d'un travail analogue. Les constructions , vers l'ouest , ont un cachet plus moderne , et à l'est, elles ne paraissent pas non plus d'une aussi haute antiquité. La seule porte qui subsiste encore, est celle d'entrée , et son ogive simple, avec des dentelures sous les impostes, date du 13.e siècle. Elle avait une herse dont on voit la rainure fort bien marquée. Son ouverture était de côté , entre deux tours, et le chemin , tournant en dehors , conduisait à un pont-levis situé sur l'emplacement de l'hôtel-de-ville actuel. On sait que ce fut par ce point que Henri IV, maître du château, s'introduisit dans l'intérieur de la cité , que défendaient les bourgeois-ligueurs.

Vers l'angle opposé du château, à l'ouest , on montre une ancienne tour , dite *la tour la Reine* , avec une brèche encore ouverte , par laquelle on dit que monta l'un des premiers à l'assaut ce roi si vaillant, quand il tenta d'enlever la place en 1590.

Cette

Cette tradition est une de celles que l'on rappelle le plus volontiers aux étrangers, et elle semble en effet assez conforme à l'histoire, puisque Henri livra de ce côté le principal assaut. Pourquoi se serait-il plus ménagé dans cette occasion qu'il ne le fit dans toutes les autres? Ce souvenir a pour base un fait historique certain; on peut donc y ajouter foi sans passer pour trop crédule.

Il n'en est pas tout-à-fait ainsi d'une autre tradition que nous devons consigner encore : On prétend que Robert vit, pour la première fois, Arlette, des fenêtres de son donjon, comme elle se lavait dans les eaux d'une fraîche fontaine, au pied des rochers; on indique même la fenêtre où devait se trouver le duc; et comme cette anecdote se raconte à tous ceux qui visitent le monument, il en est peu qui ne prennent de-là occasion pour sourire malignement de la naïveté falaisienne : ils doutent, en effet, qu'au temps de Robert on ait eu la vue beaucoup plus perçante que de nos jours, et ils ne peuvent concevoir que le duc ait alors distingué assez clairement, du haut de sa forteresse, les traits de la fille de Vertprey, pour s'éprendre à cette seule vue, de ses charmes, et pour en devenir amoureux. Nous aussi, nous pourrions contester la véracité de cette tradition, et la démontrer incroyable. Mais nous aimons mieux raconter, d'après un vieux poëte, la manière plus probable dont Arlette fut connue du duc, et comme il en fit sa maîtresse. Un tel récit terminera peut-être, avec quelqu'intérêt, cette description d'un monument où l'on retrouve à chaque pas tous ces souvenirs des vieux âges.

Nous empruntons le fragment, en le traduisant, à Benoit de Ste.-More, dont l'ancien style roman est si naïf, mais si difficile à saisir pour la plupart des gens du monde (1).

« Le bon Robert, duc des Normands, avait son séjour à Falaise, lieu très-beau, très-sain et très-agréable. Une de ses plus grandes faiblesses fut son amour pour une jeune vierge, dont je veux conter les détails :

» Un jour il la vit, à son retour de la chasse, dans un vallon, où elle blanchissait son linge aux eaux d'une fontaine, avec plusieurs autres filles de bourgeois. Elle avait ses vêtemens relevés sur ses genoux, pour son agrément et selon l'usage de celles qui se rendent en cet endroit. Le jour était beau, le temps chaud, et elle laissait à découvert des pieds si frais, des jambes si délicates, que le duc, enchanté, jugea que neige et fleur de lys devaient pâlir devant cette blancheur : l'amour soudain s'empara de lui.

» La pucelle, fille d'un bourgeois, était belle, gracieuse, sage et bien apprise ; elle avait le teint blond, le front et les yeux beaux, la couleur plus tendre que la fleur de rose ou d'épine, la physionomie douce, franche, sans fierté ; le nez, la bouche, le menton très-délicats, le cou et les bras bien faits ; elle était telle, en un mot, qu'elle effaçait en éclat les autres beautés du pays. Tout ce qu'on dirait pour la peindre, serait au-dessous de ce qu'on voyait en elle. Le duc, la désirant donc à tout prix, la fit demander par un de ses chevaliers et par un chambellan dévoué, qui devaient tant promettre au père, qu'il ne pourrait la refuser ; elle serait aimée d'abord du plus grand amour, puis donnée plus tard à quelque riche seigneur. Le père, qui était un des premiers de Falaise, s'en défendit d'abord et s'en tint même pour offensé ; il voulait la donner en mariage à quelqu'un qui lui convînt ; plusieurs la lui demandaient, et pour rien il ne consentirait à ce qu'elle devînt la concubine et la maîtresse de personne. Telles étaient ses résolutions, qu'un sien frère, un saint personnage, un homme de grande religion, qui avait

(1) Le fragment original est en note, au n.º 16.

son ermitage aux bois de Gouffern, parvint à lui faire changer, en le détournant surtout de l'idée, sage ou folle, qu'il avait prise de soustraire et de cacher sa fille ; il l'amena même, par ses conseils, à se prêter aux désirs et aux volontés du duc.

» La jeune fille, de son côté, lui remontra bonnement et sensément l'avantage qui pourrait lui en revenir. Ainsi, la chose fut donc réglée, et la nuit et l'heure arrêtées pour un des jours de la semaine. En attendant, la pucelle émue ne songea plus qu'à se mettre en état de paraître devant le duc de manière à lui être agréable, et comme il convenait à son état et à sa richesse. Elle fit donc tailler une robe fraîche, bien faite, bien séante à sa taille, afin de relever sa beauté ; et quand fut venue la nuit marquée, les deux envoyés du duc la vinrent trouver pour la mener secrètement et en cachette dans le château. La jeune fille le trouva mauvais ; mais eux lui dirent : Affublez-vous, belle, de cette cape de laine, et gardez qu'on ne vous voie, car vos voisins et la gent vilaine ne manqueraient point de parler de vous avec raillerie. Demain, avant que le matin renaisse ou que l'alouette huppée vienne à chanter, nous vous aurons ici ramenée avec mystère.

» Est-ce ainsi, reprit soudain la sage pucelle qui ne manquait point de courage, est-ce ainsi ; et quand le duc me mande près de lui pour jouir de mon gentil corps, faudrait-il donc que j'aille à lui comme une soudoyée ou comme une pauvre chambrière ? Non ; j'irai, s'il le faut, mais en honnête pucelle, mais comme la fille d'un *prud'homme*, pour croître en honneur et en biens. Sachez que je ne redoute rien, et que chacun peut me voir et savoir ce que je fais ; car l'honneur seul me fait agir ; et jamais par mauvais penchant, légèreté ou œuvre de folie, je ne ferai rien qu'on puisse reprendre. Voyez d'ailleurs si je puis avec ce costume aller à pied trouver le duc. Faites venir vos palefrois, je vous en prie, nous irons ainsi plus commodément.

» Les envoyés, trouvant ces paroles pleines de sens et de raison, se rendirent à ses désirs, et firent selon sa volonté. Elle avait revêtu son gentil corsage d'une fine chemise, puis en dessus d'une pelisse grise, fraîche, large, non lacée, séante à sa taille, à ses bras, le tout recouvert d'un court manteau très-convenable et de bon goût ; sa longue chevelure

blonde était mollement entourée d'un bandeau garni de ré-
seaux d'argent fin ; ainsi parée et belle plus qu'on n'en vit
jamais, elle s'élança sur un coursier, saluant son père et sa
mère ; et saisie alors tout-à-coup, avant de les quitter, d'un
mouvement de trouble, elle se mit à pleurer pour un moment, et à mouiller son beau sein de ses larmes.

» Ah ! que si elle eût été devineresse, combien alors, au
contraire, n'eût pas été grande sa joie : car depuis Hector,
ce preux de Troie, qui fut fils de Priam, le monde n'a point
vu naître de prince plus grand que celui qui fut engendré dans
cette nuit. Artur fut brave, ainsi que Charlemagne, le conquérant de l'Espagne ; mais quand on connaîtra l'histoire de
celui que je vais chanter, on ne dira point, j'espère, que
prince plus vaillant ait jamais été sur la terre.

» C'est ainsi que Dieu permet mainte fois que d'une fai-
blesse résulte pour l'avenir de grands avantages. Le duc, en
effet, dans cette occasion, au lieu d'une épouse selon la loi,
n'avait placé près de lui qu'une complaisante et facile amie ;
mais il n'en devint toutefois pas moins évident, plus tard, que
Dieu protégea et aima l'héritier qui sortit de cette union...

» Ceux qui amenaient la pucelle au duc, l'ayant conduite
jusqu'à la porte du château ; la firent descendre en dehors,
à la clarté d'une belle nuit, puis, faisant débarrer les gui-
chets, ils entrèrent par cette ouverture, et voulurent qu'elle
les suivît. Mais elle qui n'était point niaise, mais avisée, leur
résistait et refusait de faire un pas, ce qui les surprenait beaucoup. Belle, venez, disaient-ils, venez, ne craignez rien,
tout est libre sur le passage. — Eh ! non vraiment, je n'irai
point ainsi, car ce n'est chose ni bonne ni raisonnable, ré-
pondit aussitôt la belle. Puisque le duc m'appelle à lui, pourquoi sa porte me serait-elle fermée ? Faites qu'elle me soit
bientôt ouverte ou qu'il renonce à me posséder. S'il veut de
moi, il ne saurait être décent que je passe par cet étroit gui-
chet ; Dieu me garde au moins de le faire. Ah ! sans doute,
il m'estime bien peu, puisqu'il me traite de cette façon ;
beaux amis, ouvrez-moi la porte.

» Et à ces mots, dont la justesse et le grand sens charmèrent
les envoyés, ils s'empressèrent, en effet, d'ouvrir la porte à
la jeune fille, et ils la conduisirent aussitôt jusque dans la

chambre voûtée, où mainte image était représentée en or vermeil et en couleurs. Et là, le duc, impatient, qui l'attendait, la reçut avec une grande joie et de grands honneurs, et lui donna tout son amour, etc., etc. »

M. Alph. Le Flagais a aussi récemment chanté les amours d'Arlette et de Robert, dans un petit poëme intitulé: *le Château de Falaise*. Nous regrettons de ne pouvoir qu'annoncer ici cet ouvrage, tiré seulement à cent exemplaires. (1)

PORTES DE LA VILLE, TOURS, REMPARTS, &c.

La porte Ogise, ou des Cordeliers, est la seule qui reste du temps des guerres. Cette porte est double, et se compose d'un grand cintre extérieur, à ogive, de vingt-deux pieds de haut, et d'un second cintre intérieur, également à ogive, mais moins large et moins élevé que le premier. Entre les deux ouvertures on voit un mur de traverse qui s'étend du sommet de l'ogive principale jusqu'à la seconde. La porte de guerre, où la herse, descendait dans une rainure entre les deux cintres. La porte de ville était en dedans, soutenue par des gonds que l'on voit encore aux deux côtés de la muraille, vers la rue des Cordeliers.

La porte Ogise est du temps de S. Louis.

La porte le Comte, détruite il y a quarante ans, était moins élevée, mais dans un même système de construction. Il y avait des tours à chacun des

(1) On en lira les derniers vers à la note 17.

La vue que nous donnons de la forteresse a été prise, par M. d'Oilliamson, de l'intérieur du château, près des nouveaux bâtimens du collège.

côtés, et des logemens au-dessus pour placer les défenseurs. On voit encore les débris de cette porte aux deux tours qui la soutenaient.

La porte Bocey, la porte du Château, ont entièrement disparu ; la porte Philippe-Jean existe ; mais elle n'est plus comme aux temps des siéges.

Les tours de défense, placées aux différentes portes et sur tous les points des remparts, étaient au nombre de plus de quarante. Leur construction se ressemblait presque partout : elles étaient rondes, creuses, pour la plupart, à deux ou trois étages au-dessus du sol, bâties en petites pierres de schiste ou de moëllon, couchées à plat ou de côté, et offrant seulement ça et là des assises de pierres de taille pour soutenir la maçonnerie. On logeait les soldats dans l'intérieur des différens étages, et des trous ménagés dans chaque mur, leur apportaient le jour et leur offraient les moyens de diriger leurs armes contre les ennemis. La forme ronde et étroite d'un grand nombre de ces trous ou meurtrières, fait voir qu'on les ouvrit depuis la découverte des armes à feu ; on y introduisait des arquebuses et des mousquets d'un gros calibre.

Les anciennes tours devaient être en partie couvertes par une maçonnerie, en voûte, d'une très-forte épaisseur. Sur les points escarpés, elles étaient seulement surmontées par un mur de 10 à 12 pieds d'élévation au-dessus de la terrasse.

Le diamètre des anciennes tours était en général de 15 à 20 pieds. Elles étaient éloignées de 60, 80, 100, et même 200 pieds de distance les unes des autres, selon les différentes positions.

Les tours les mieux conservées, sont celles du rempart du nord, au-dessus du Moulin-Hélie, et celles des portes Philippe-Jean, Ogise et le Comte. Il y en a une aussi, au sud, donnant sur les anciens fossés, vers la Fleurière, qui mérite quelque attention.

Les vieux remparts étaient construits comme les tours, et s'élevaient pareillement à quelques pieds au-dessus de la terrasse. Des escaliers menaient à leur sommet, et l'on dominait de-là sur tous les points de la vallée. L'épaisseur supérieure des murs était moindre que dans les fondemens.

On remarque encore, au nord de la ville et près des anciennes tours que nous venons d'indiquer, des pans de ces vieilles murailles très-bien conservés. Les pierres, presque noires et parfaitement assemblées, semblent n'avoir subi aucune espèce de dérangement. Les remparts primitifs, vers l'est et le sud-est, ont presque entièrement disparu. Les murs qui les remplacent n'ont pas la même solidité.

La ville, sous ses fondemens, offrait jadis des chemins souterrains qui couraient sur les divers points. Ils communiquaient au dehors, et servaient beaucoup dans les siéges. L'un d'eux, que l'on visita il y a cinq ans, offrait une arcade intérieure de cinq pieds au moins de hauteur, sur cinq de largeur. Il livrait un passage aux chevaux, aussi bien qu'aux hommes. Sa voûte, en petits moëllons serrés, était très-solide. Il était situé en dehors des remparts, à deux cents pas environ de la porte le Comte. On a retrouvé des chemins pareils à-peu-près, sous la rue du Campferme, et sous d'autres points de la ville. Ils servaient à communiquer de la vieille enceinte avec l'extérieur.

ÉGLISES.

Il y a dans Falaise quatre églises, que nous visiterons successivement. Nous indiquerons seulement en passant les principaux caractères qui les distinguent.

ÉGLISE DE S^r.-LAURENT.

Ce petit monument, sans importance apparente, est probablement le plus ancien de Falaise. Son portail, une partie de la maçonnerie, en arrêtes, de son étroite nef, et les petites fenêtres primitives qui étaient ouvertes dans ses contreforts, sont du 11.e siècle. Les autres parties gothiques de l'édifice sont du 13.e siècle. Un cimetière, bien tenu, l'environne, et un if ombrage les tombes. On lit cette leçon sévère sur l'une d'elles : *Hodiè mihi, cras tibi.* Pauvre passant, rêve à ces mots !...

ÉGLISE DE GUIBRAY.

C'est à Guillaume que l'on doit reporter la fondation de l'abside et du chœur de cette église. On voit en dehors, vers le cimetière, le travail normand qui se reconnaît aux deux rangs de fenêtres rondes, aux corniches en damier et aux corbeaux grimaçans et bizarres ; il se retrouve également dans les deux chapelles de chevet, à la voûte surtout, et aux chapiteaux. Le chœur a été malheureusement gâté à l'intérieur, et des hommes sans goût y ont appliqué, dans le dernier siècle, un revêtement grec qui lui ôte son caractère. La nef est

de transition, ainsi que le joli portail à double
rang de zigzags, et le reste de la façade. On acheva
cette partie vers la fin du 12.ᵉ siècle. Les bas-côtés
et les chapelles sont d'époques plus ou moins ré-
centes. La tour s'élève, sans goût, au milieu de
l'édifice.

Bérengère, veuve de Richard-Cœur-de-Lion,
habita quelque temps Guibray, vers 1200, et contribua, dit-on, à l'achèvement de l'édifice. On
voyait sa statue dans le chœur, il y a moins de
cent ans, et elle a été enclavée, à ce qu'il paraît,
sous le revêtement maladroitement appliqué à cette
partie de l'église.

On voit dans l'intérieur, sur l'autel, une As-
cension de la Vierge, en stuc, d'un assez beau
travail, et dans la nef, les pierres tumulaires de
Nicolas le Sassier et de *Bellanger-Desfreneaux*, personnages cités dans cette histoire. Le cimetière,
étroit, inconvenant, ne suffit point aux besoins
de la population, et se trouve d'ailleurs placé,
contre les réglemens, au milieu des habitations.
On demande et l'on attend depuis trop long-temps
la répression de cet abus.

L'église de Guibray est dédiée à la Vierge.

ÉGLISE DE Sᵗ.-GERVAIS.

La tour et la partie la plus élevée du côté droit
de la nef de cette église, sont aussi du temps de
Guillaume. En se plaçant près de la fontaine, sur
la place, on aperçoit à-peu-près tout ce qui reste
de cette lourde architecture normande. Les trois
grosses colonnes d'entrée, avec leurs chapiteaux

monstreux, en font pareillement partie. Le reste de
la nef, les latéraux, et même les arcs à ogives qui
soutiennent la tour, sont des 13.ᵉ et 14.ᵉ siècles.
Le chœur et le portail doivent être des 15.ᵉ et 16.ᵉ ;
on peut surtout remarquer au chœur, intérieure-
ment et extérieurement, les hautes colonnes, les
larges fenêtres, les galeries, les balustrades, les
culs-de-lampe et tous les ornemens nombreux et
variés du style fleuri. La salamandre de François I.ᵉʳ se voit à l'une des chapelles, en dehors,
du côté de la nouvelle halle.

On lit dans le chœur de St.-Gervais l'épithaphe
de *Jean Morel*, qui fut l'hôte de Henri IV, et les
inscriptions de ses aïeux, depuis 1549, dans la
septième chapelle de côté, à gauche. Le monument
fut consacré en 1134, en présence de Henri I.ᵉʳ, fils
de Guillaume, et roi d'Angleterre. Il est dédié au
saint dont il a conservé le nom.

Le cimetière de la paroisse est situé à-peu-près
au nord, en dehors de la ville, selon que le prescrit
la loi. C'est le plus convenablement tenu de Falaise,
sous tous les rapports.

ÉGLISE DE Sᵀᴱ.-TRINITÉ.

Il y avait, dit-on, autrefois, une église fort ancienne sur l'emplacement de celle qui porte aujourd'hui le nom de Sainte-Trinité. Les guerres
l'auront détruite, et, plus tard, on la remplaça successivement par le monument qui subsiste encore
aujourd'hui. Les deux branches du croisillon, qui
sont les parties les plus anciennes de l'édifice,
datent au plus de six cents ans ; la nef et le chœur

sont du 15.ᵉ siècle, comme l'indiquent les inscriptions qui se lisent sur les murailles. Ils furent reconstruits en partie dans le temps de l'occupation anglaise. Henri V les avait renversés dans le siége si long et si désastreux de 1418. Les ornemens du chevet furent exécutés vers 1540, et ce furent deux époux, du nom de *Herpin*, qui payèrent tous les travaux. Le portail et quelques chapelles sont de l'époque de la renaissance. La tour date de dix années seulement, et c'est l'ouvrage le plus ridicule et le plus mesquin que nous connaissions dans cette ville. L'édifice, à cela près, offre plus d'ensemble dans sa construction, que les autres monumens religieux de Falaise. Il appartient en entier au style gothique de diverses époques.

Le cimetière est situé au midi de la ville, au-dessus de l'hôpital-général et du grand cours. Des murs ne l'enceignent point, comme la décence et les réglemens l'indiquent. Il sert pour les deux hôpitaux, aussi bien que pour la paroisse.

Une chapelle de S. Marc subsiste à Guibray, au lieu où fut jadis une ancienne léproserie. On l'éleva en l'année 1180. Le petit portail, la porte du nord et la façade, sont du temps de la fondation.

La nef et le portail des Cordeliers, au bout de la rue de ce nom, étaient encore debout il y a peu de mois, et portaient le cachet du siècle de Louis IX. On vient de les renverser, et de les remplacer par une construction moderne.

On remarque, en montant à Guibray par le chemin des Ursulines, les restes d'un portail roman, de transition, qui paraît avoir appartenu à

une église primitive de l'hôpital Saint-Jean, fondé
en 1127.

Telles sont les antiquités religieuses de Falaise,
que nous avons été forcé d'esquisser très-rapide-
ment. Nous donnons des détails beaucoup plus
étendus sur tous ces monûmens, dans le premier
volume de la *Statistique*. L'espace n'a pas permis
de les reproduire ici en entier.

MAISON DE GUILLAUME-LE-CONQUÉRANT.

C'est une tradition assez mal fondée peut-être,
que Guillaume naquit, ou plutôt demeura sur le
marché, dans un vieux bâtiment restauré, qui,
dit-on, fut son apanage. On lit sur la façade cette
étrange incription, qui mérite qu'on la conserve :

MAISON

DE.

GUILLAUME

LE GRAND CONQUÉRANT

RICHARD.

DONNE A BOIRE ET A MANGER.

Ainsi, le patrimoine du vainqueur d'Hastings
est aux mains d'un directeur de tabagie, et chaque
jour le peuple grossier des buveurs vient s'asseoir
sous le même lambris qu'occupa le maître puissant
d'Albion. Est-il une profanation qui mérite plus
d'être signalée ?

La façade de la maison de Guillaume n'est pas
tout-à-fait moderne, mais elle ne remonte pas non
plus à un temps fort reculé. Les ouvertures ont été
refaites, et ressemblent à toutes les autres de la ville.
L'édifice présente deux étages au-dessus de l'entresol,
sans pignon sur rue.

Dans l'escalier étroit qui mène à la grande chambre, est encadré, dans la muraille, un buste grossier en pierre, que l'on dit être celui du *grand Conquérant*. « Voyez-le, Messieurs, dit le maître » du logis, c'est la vraie figure du fameux roi de » Normandie, qui naquit à Falaise, et vainquit » Messieurs les Anglais. Aussi ne viennent-ils ja- » mais à la Guibray sans lui rendre une petite » visite. Le *busque* existait en entier, mais on l'a » retaillé dans le bas, à cause d'un avancement qui » rendait l'escalier trop étroit. La barbe a été éga- » lement un peu retouchée. Ce morceau néan- » moins est vraiment curieux. »

C'est-là, en effet, la plus plus grande singularité de cet édifice ; la tête n'est pas peut-être de Guillaume, mais son ancienneté, du moins, est très-grande. Elle a quelque chose de dur et de féroce, qui sent plutôt encore le soldat sauvage, que le chef d'une grande et noble entreprise. Il est vrai que les arts étaient grossiers comme les hommes dans ces temps homériques de notre histoire. Le marteau du sculpteur n'aurait pas su flatter les traits mêmes du puissant Conquérant (1).

L'emplacement de la maison se trouve désigné, dans les plus anciens titres, sous le nom de « Ma- » noir du duc Guillaume. » La tradition n'est pas, sous ce rapport, dénuée de toute espèce de fondement.

(1) Nous avons donné, d'après l'histoire et d'après d'autres dessins, au portrait que nous offrons de Guillaume, quelques-uns des traits adoucis de la tête barbare qu'il plaît au public de lui attribuer.

TOUR DE DAVID, ANCIENNES MAISONS.

On remarque, au centre de la ville, entre la Grand'rue et la rue du Campfèrme, une petite tour de 5 à 6 pieds de diamètre, et d'environ 5o pieds de hauteur, à laquelle on a donné le nom de *Tour de David*. Elle est d'une forme assez élégante, et d'une extrême légèreté. Un escalier remplit tout l'intérieur, et s'élève en spirale jusqu'à son sommet. Il a cent marches, dont dix à douze seulement sont au-dessous du sol. On ne peut voir dans ce travail qu'un monument de luxe, destiné à procurer la vue des champs à ceux qui demeuraient dans l'édifice auquel il était attenant. Les ouvertures, sous le couronnement, laissent apercevoir, au nord et à l'ouest, les hauteurs qui dominent la ville.

Un pavillon carré, chargé en dehors de ciselures et d'ornemens sculptés, de la renaissance, est au pied de la tour. Là logeait sans doute, au 17.ᵉ siècle, un des gouverneurs ou des habitans principaux de la ville. Cette demeure, comme la précédente, est également transformée aujourd'hui en cabaret.

La maison qui sert d'imprimerie pour la publication de cet ouvrage, sur la place Trinité, offre de grandes ogives du 13.ᵉ siècle. Là, dit-on, jadis, ont résidé des Templiers.

Les pignons, les frontons et les corniches de la maison de M. de Morell, porte Philippe-Jean, nᵒ 5, sont chargés de sculptures des 15.ᵉ et 16.ᵉ siècles. C'était aussi, selon toute apparence, la demeure de quelque important personnage.

De vieilles maisons en bois, avec étages avançant

les uns au-dessus des autres, se voient à l'entrée de
la Grand'rue-Trinité et dans celle de la Pelleterie,
vis-à-vis le tribunal. La plupart ont le pignon sur
rue, et les murs de soutien très-épais. L'extrémité
des grosses poutres du dedans ressort extérieurement, et tout l'espace entre les étages est soutenu
par des piliers de bois, entre chacun desquels se
trouve un remplissage de petites pierres et de mor-
tier. Quelques-unes sont recouvertes, de haut en
bas, de petites feuilles légères de bois, imbriquées
comme des tuiles ou des ardoises, pour préserver
la charpente contre les injures de l'air.

On ne voit plus de porches qu'à deux anciennes
maisons de la place Sainte-Trinité. Ils détruisent
l'harmonie de cette enceinte d'une manière très-
désagréable. Il est à désirer que le temps les fasse
promptement disparaître.

MAISONS DE L'HÔTEL-DIEU ET DE L'HÔPITAL-GÉNÉRAL.

La maison de l'hôtel-Dieu a été élevée sur un
emplacement trop étroit et sur de trop petites di-
mensions. Le bâtiment principal, donnant sur la
place du Grand-Turc, n'a pas plus de cinquante
pieds de développement. Là sont entassés, au premier et au second étage, la salle des femmes, la
lingerie, la cuisine, le réfectoire et les chambres
des dames. Un second bâtiment, de côté, contient,
au premier étage, la salle des militaires, et au second, celle des hommes. Autour d'une très-petite
cour et d'un bosquet de quarante pieds, sont disposés irrégulièrement le cellier, le bûcher, le la-

voir, le séchoir et la boulangerie. Toutes ces diverses constructions sont petites, mesquines, incomplètes ou irrégulières.

L'église mérite seule d'être distinguée, et présente même un assez joli édifice de 72 pieds de longueur, avec un chœur ouvert et des bas-côtés. Le style, d'un gothique très-moderne, a beaucoup d'ensemble, et est de bon goût. On la réédifia dans le dernier siècle, à la suite d'un incendie.

L'hôtel-Dieu est très-mal situé, et trop resserré, sur tous les points, par des constructions élevées. L'air n'y circule que difficilement, et arrive d'ailleurs gâté par les exhalaisons d'un quartier mal entretenu. C'est sur l'emplacement de St.-Jean, entre Falaise et Guibray, qu'un tel établissement devait être formé. Là, du moins, on pourrait avoir des jardins spacieux et des salles bien ouvertes et bien disposées.

L'hôpital-général, ou hospice Saint-Louis, est élevé dans un lieu plus convenable et sur un meilleur plan. Sa façade, de 150 pieds de développement, donne sur le grand cours, et reçoit un air pur des rochers et de la grande bruyère de Noron. Les bâtimens sont bien entendus. Le principal édifice, dans toute sa longueur, offre un grand corridor qui sert de cloître ou de promenade dans les mauvais temps, et qui communique, par des portes particulières, avec tous les appartemens intérieurs. D'immenses caves voûtées sont au-dessous du sol; au rez-de-chaussée se voient la cuisine, la laverie, la boulangerie, la lingerie et les divers réfectoires; enfin, au premier et au second, se trouvent les chambres des

dames

dames et les dortoirs des deux sexes, ceux des hommes à gauche, et ceux des femmes à droite. On a placé la vieillesse au premier étage, et l'enfance, plus agile, a été envoyée au second. Les salles de travail, le parloir, la pharmacie, les magasins, les bûchers, le pressoir et le lavoir, sont disposés sur divers autres points de la grande enceinte. Le service s'y fait ainsi aisément et sûrement. Un beau jardin et un joli verger fournissent aux besoins journaliers de la maison ; les dames et les vieillards y trouvent de plus une agréable promenade. De grandes cours carrées suffisent pour les enfans.

La chapelle, espèce de rotonde, avec une façade unie, serait trop petite, sans les v...es tribunes placées au niveau du premier étag., c'est-là que sont rangés, pendant les offices, ceux que renferme la maison. Le bas de l'édifice peut recevoir de plus un certain nombre d'habitans des quartiers voisins, trop écartés des paroisses.

Des conduits de plomb amènent et distribuent avec abondance les eaux du dehors dans chacun des deux hôpitaux. M. de Levignen, qui fit élever le dernier, ne négligea point de lui assurer ce service si important.

HÔTEL-DE-VILLE.

Nul monument moderne, dans Falaise, n'a plus d'élégance, et n'est élevé avec plus de goût que l'hôtel-de-ville. Il fut construit, comme nous l'avons dit, en 1786. Il est le principal ornement de la place Trinité, à l'extrémité de laquelle il se trouve, vers l'entrée du château fort.

L'hôtel-de-ville offre une façade de 75 pieds de

longueur, ornée d'un frontispice chargé de quatre petites colonnes grecques très-simples. Au fronton sont des écussons et des trophées, au milieu desquels on regrette de ne pas voir les armes de la ville. La profondeur de l'édifice est de 40 pieds. On y monte par un perron de dix marches de granit.

Un joli vestibule, orné de colonnes doriques ; un escalier large et de bon goût, garni d'une rampe de fer ; une salle du conseil, convenable ; une salle plus grande pour les réunions publiques ; une bibliothèque trop petite, et un chartrier ; voilà ce qu'offre de plus remarquable l'intérieur de l'édifice. Des caves sèches, spacieuses, voûtées, ouvertes au niveau du sol, renferment les échelles et les pompes à incendies. On y placerait au besoin une halle ou un entrepôt.

PALAIS DE JUSTICE.

C'est de l'ancien hôtel-de-ville que l'on a composé l'édifice où siégent maintenant les tribunaux. Une inscription, placée encore sur le frontispice, rappelle la destination primitive du monument.

Le palais de justice n'a de décent que le premier étage, où se trouvent réunies la grande salle des audiences, la salle des pas-perdus et la salle d'hiver. La première est assez spacieuse et convenablement décorée. Le tribunal civil et le tribunal de commerce y siégent alternativement.

Les greffes sont trop à l'étroit au second étage, et, dans le bas, la salle des juges de paix est sombre et enfoncée. Quant à la chambre d'instruction, elle manque d'un vestibule particulier qui serait indispensable pour les témoins. Il n'y a point de parquet pour le procureur du roi.

Le palais de justice étant très-incomplet, il serait à désirer qu'on en construisît enfin un véritable dans Falaise. Le bâtiment qui sert à cet usage serait transformé en sous-préfecture. Il n'y a ni logement ni bureaux pour un sous-préfet, dans cette ville.

Le palais de justice actuel est dans l'ancienne rue de la Pelleterie, au centre de la vieille ville.

MAISON D'ARRÊT.

La forme de cet édifice est un carré long, avec une façade de 60 pieds d'étendue, sur une profondeur de 45, et une élévation de 35 environ. On y accède par une petite cour qui donne sur la place Trinité, du côté de l'hôtel-de-ville. Sur la face qui regarde les cours intérieures et les rochers, se trouve adossée une rotonde crénelée, où sont des logemens pour le concierge.

Quatre cachots sont au-dessous du sol, voûtés, et ménagés dans les fondemens épais de l'édifice. Au rez-de-chaussée se trouvent, au milieu, la salle et la cuisine du concierge, et, sur les côtés, les salles des hommes et celles des femmes, au nombre de quatre. La même distribution se remarque au premier étage, à l'exception d'une chapelle, d'une sacristie et d'une chambre d'instruction, qui remplacent, au centre, les logemens du concierge. Au second, sous les combles, sont les greniers et les chambres pour les condamnés à moins d'un an de détention.

Les sexes sont séparés, les hommes à droite et les

femmes à gauche : deux cours particulières, pour-
vues de fontaines courantes et de fosses d'aisance,
correspondent aux portions de l'édifice destinées
à chacun des sexes. L'ordre ainsi règne dans toute
la distribution de ce monument, qui fut achevé
en 1822. Au besoin, il pourrait contenir 80 prisonniers. Les cachots ne servent guère que pour
les condamnés aux fers, quand la chaîne passe
par Falaise, une ou deux fois par année.

HALLE.

Nous dirons peu de chose de cet établissement.
Les résultats n'ont pas répondu aux intentions de
ceux qui l'avaient commencé.

La halle se compose d'une grande construction,
en forme de parallélogramme, de 80 pieds environ
de longueur, sur 32 de largeur, et 25 d'élévation.
Les ouvertures donnent sur la rue d'Acqueville et
sur la rue du Cheval-Noir, au-dessous de l'église
St.-Gervais. Le premier bâtiment étant trop petit,
on vient d'y joindre une construction du même
genre, mais moins étendue, s'étendant sur la rue
d'Acqueville, et coupant l'autre à angle presque
droit. Il n'y a ni élégance ni ensemble dans cet
édifice, qui, d'ailleurs, est insuffisant. Les abords
aussi en sont difficiles et même dangereux dès le
moindre encombrement. Nous en parlons donc
à regret, et uniquement pour remplir un devoir.
Commencée il y a sept ans environ, la halle se termine en ce moment.

CONSTRUCTIONS DIVERSES , SERVANT A DES USAGES PUBLICS.

Le collége est situé dans l'enceinte du château fort. Il occupe des bâtimens qui servaient à loger les derniers gouverneurs, et qui n'offrent rien que l'on puisse décrire. Les intérieurs sont spacieux, bien ouverts, et les cours larges et très-sèches. Peu d'emplacemens, consacrés à cet usage, sont aussi heureusement et aussi agréablement placés.

Le petit séminaire occupe, à St.-Jean, une belle construction avec un jardin, qui dépendaient de l'ancienne abbaye. Sa situation est aussi fort saine et fort belle.

Deux maisons insignifiantes, l'une près du calvaire de Guibray, l'autre à quelques pas de l'hôpital-général, sont destinées à des frères de la Doctrine chrétienne, et à des Sœurs, que l'on charge d'élever gratuitement les enfans des deux sexes.

Parmi les presbytères, celui de la Trinité est le seul qui mérite d'être cité. C'était une fort belle maison bourgeoise qui fut achetée 18,000 fr. par la ville, il y a six ans. Les autres sont convenables pour leur destination.

L'ancienne caserne, pour la cavalerie , n'est qu'une assez mauvaise auberge, située à Guibray. Elle est maintenant abandonnée, et ne sert plus qu'à loger deux ou trois brigades de gendarmerie, pendant la foire. On la restaure en ce moment.

Il n'y a point de caserne pour la brigade de la ville, que l'on place provisoirement dans une maison de loyer, près le séminaire, à Saint-Jean. On a le projet d'élever prochainement un édifice pour cet usage ; on y destine, à ce qu'il paraît, l'emplacement de la petite cour qui sert d'accès à la prison, vers la place Trinité.

Le magasin à poudre est un simple pavillon, très-insignifiant, construit dans un des petits donjons du château. Il est convenablement placé en ce lieu pour la sûreté de la ville. Si la foudre l'atteignait, il entraînerait malheureusement, en sautant, la ruine de la forteresse, et ainsi disparaîtrait ce monument, l'honneur de Falaise...

La salle de comédie, établie à Guibray, n'est ouverte que dans le temps des foires. Elle offre un bâtiment presque carré, dans lequel sont disposés un petit théâtre, un parquet, un parterre, un balcon et deux rangs de loges. Elle peut rassembler 800 personnes, et les plus fortes recettes s'élèvent à 16 ou 1800 fr. environ. C'est tout ce qu'il faut pour cette ville, qui ne peut entretenir des comédiens pendant tout le cours de l'année.

FONTAINES, &c.

Les trois principales fontaines de la ville, situées sur les places de Ste.-Trinité, de St.-Gervais et de la Poissonnerie, présentent des bassins de granit, du milieu desquels les eaux s'élèvent dans des conduits verticaux de différentes formes, d'où elles retombent ensuite, vers quatre points opposés, par des tuyaux frêles et recourbés. Ces constructions datent d'un siècle, et ne sont plus guère en harmonie avec les monumens du même genre que l'on voit ailleurs ; mais si nos devanciers ne surent pas les embellir, ils les disposèrent du moins de manière à ce qu'elles pussent fournir d'abondantes eaux pour tous les usages publics. La plus décente des huit fontaines de la vieille ville, est celle des *Trois-Minettes*, dans la Rue-Basse, près de la rue d'Argentan.

A Guibray, il n'y a point de fontaines, mais une citerne pour les incendies, et un abreuvoir pour le temps des foires. A l'une des entrées de Falaise, entre le château et le grand cours, est également un bel abreuvoir pour les chevaux de la ville.

Les ponts jetés sur l'Ante ne méritent même pas qu'on les signale. Il y a deux calvaires, l'un sur le chemin de Falaise à Guibray, près de la rue des Ursulines, et l'autre sur la grande route de Caen, à droite, en montant vers Aubigny.

CONSTRUCTIONS PARTICULIÈRES.

Nous signalerons, parmi les manufactures, la filature de M. Coulibœuf, au pied du coteau de Rougemont, sur le chemin de Versainville ; celle de M. Lebaillif fils, près de l'église de St.-Laurent, et celle de M. Lagniel-Dujardin, au hameau des Moulins, au-delà du château fort. Toutes sont mues par les eaux de l'Ante, ainsi que plusieurs autres moulins qui sont peu remarquables.

Parmi les hôtels, le premier rang appartient incontestablement à celui du Mesnilriant, situé à la porte de Caen, et maintenant habité par M. de Labbey, maire. Il offre une charmante construction italienne, du meilleur goût, sans toit, avec une balustrade et une rotonde, qu'accompagnent des colonnes plates, marquées jusqu'au dessus du premier étage. Rarement on voit un édifice aussi achevé dans une petite ville. L'hôtel ou château de la Frenaye est mieux entouré, mais n'offre rien qui approche de cette élégance. L'hôtel Saint-Léonard y ressemblerait davantage, s'il était mieux situé, moins écrasé par son entourage. Quant aux hôtels Costard, Noirville, de Blocqueville et de Cheux, ils sont bien construits, et dignes encore d'être cités après les trois principaux.

Falaise renferme aussi quelques belles maisons bourgeoises ; mais le nombre des jolies maisons de moyenne fortune y est très-borné. Les maisons de marchands, dans les quartiers du centre, sont en général de modique apparence, et manquent de jardins. Celles du peuple, dans les bas quartiers, sont chétives et mal tenues. Les maisons de Guibray, pour la foire, sont en bois et mal closes.

Parmi les hôtels garnis et auberges, nous devons signaler l'*Hôtel de France*, le mieux tenu, le meilleur, sur la place du Grand-Turc ; l'*Hôtel de la Poste* ou *du Grand-Cerf*, dans la rue de Caen ; l'*Hôtel de la Place*, près de St.-Gervais ; les hôtels de *la Romaine*, de *la Belle-Étoile*, à Guibray, &c.

Les écuries de *la Romaine*, celles de *St.-Éloi*, de *la Trinité*, de *la Croix-de-Fer*, sont les plus fréquentées, à Guibray, pendant la foire. Le *Café de Foi*, celui *des Aveugles*, et celui de *la Romaine*, semblent aussi plus suivis que les autres, à cette époque. Ceux de l'intérieur de la ville sont, en général, fort peu remarquables.

Falaise a été bâtie en pierre calcaire, tirée principalement des carrières de Saint-Pierre-Canivet et d'Aubigny, voisines de la ville. Les charpentes et les intérieurs sont formés de chêne et de peuplier du pays, ou de sapin venu du Nord. Les pavés des rues sont de grès, tiré des rochers de Saint-Quentin et de Sousmont. La chaux et le sable se trouvent en abondance dans les environs.

L'ensemble des constructions est irrégulier et de peu d'effet. Plusieurs des rues de l'ancienne ville sont tortueuses, d'après la disposition des remparts, qui dé   ient une longue ellipse. Les rues de Caen et d'Argentan, que traverse la route d'Augers à Caen, sont presque seules droites, et bâties sur un plan à-peu-près uniforme. Quelques-unes des rues centrales ont été, il y a dix ans, assez convenablement pavées; les autres sont, sous ce rapport, dans le plus mauvais état.

En nous résumant sur ce point, Falaise, outre le château fort et les anciens débris des portes et des remparts, renferme :

Vingt édifices environ, consacrés à des usages publics; trois filatures de coton; quarante manufactures ou usines moins importantes; deux beaux châteaux appartenant à des particuliers; six grands hôtels; 5o belles maisons bourgeoises; 2oo maisons bourgeoises inférieures; 5o hôtelleries ou auberges; 4o cafés; 3 à 4oo maisons de marchands; environ 17oo maisons du peuple, loges, cabarets, &c.; en tout, 16o grandes constructions ou établissemens divers, 2,25o maisons, et 2,8oo feux ou ménages. Le nombre des grandes portes et portes cochères est de 126; celui des autres portes et fenêtres, de 19,947.

INSTITUTIONS ET ÉTABLISSEMENS PUBLICS.

Ce chapitre comprendra principalement tout ce qui se trouve sous la direction ou sous la surveillance de l'administration municipale. Le tableau sera très-succinct, d'après le cadre adopté pour cet ouvrage.

MUNICIPALITÉ.

Un maire, deux ajoints, et un conseil de trente notables, administrent aujourd'hui la ville. Tous sont exclusivement au choix et à la nomination du Roi. Une loi que l'on attend, et que le souverain lui-même promit et annonça solennellement l'année dernière, changera prochainement ce qu'un tel système offre de vicieux et de contraire à ces anciennes franchises, que l'on a plus d'une fois retrouvées dans notre *Histoire*. Comment se fait-il que nous soyons encore, sur ce point, moins avancés que nos pères ?...

HOPITAUX.

Falaise, comme nous l'avons déjà dit, renferme deux hôpitaux.

L'hôtel-Dieu, fondé vers l'an 1200, est spécialement destiné aux malades indigens de la ville, aux militaires et aux prisonniers. Il est administré, à l'intérieur, par douze dames de l'ordre de la Miséricorde. Il renferme 62 lits, dont 25 dans la salle des femmes, 21 dans celle des hommes, et 17 dans celle des militaires. Cent soixante individus environ y reçoivent ainsi des soins dans le cours de chaque année. Les décès s'y élèvent par an à 14 environ.

L'établissement est bien tenu, la nourriture y est saine, et le linge blanc y est fourni aux malheureux, selon leurs besoins.

L'hôpital-général, ou hospice St.-Louis, réservé pour les vieillards infirmes, et pour les enfans naturels ou abandonnés, est administré par quatorze dames, ayant sous elles douze gens de service à-peu-près. On y compte habituellement près de cent vieillards et autres individus au-dessus de seize ans, et 250 à 300 enfans, élevés, soit au sein de l'hospice, soit chez des nourrices. Les décès peuvent s'élever à vingt-cinq, année commune. Les enfans n'y meurent, en général, que dans la proportion de un sur vingt. Un douzième seulement de ces enfans est conservé dans l'hospice.

La maison renferme 136 lits. On y voit des ateliers de dentelle et de broderie pour les filles ; une salle de fileuses pour les vieilles femmes, et des métiers de bonneterie-pour les hommes et pour les garçons. L'ordre règne dans toutes les parties de l'établissement. La nourriture y est bonne, mais plus grossière un peu que dans l'hôpital des malades.

Chacune des deux maisons a un chapelain attaché à l'intérieur ; un médecin et un chirurgien du dehors viennent, chaque jour, y faire le service.

Les revenus des hôpitaux s'élèvent à 70,500 fr. Un tiers de cette somme est attribué à l'hôtel-Dieu, et les deux autres tiers à l'hospice des malades.

CONFRÉRIE ET BUREAU DE CHARITÉ, &c.

Quelques bourgeois réunis en confrérie, à chacune des paroisses, s'occupent du soin d'enterrer les morts et de secourir les prisonniers. On les voit remplir ces devoirs pénibles avec un zèle et un dévoûment dignes de grands éloges.

Des sœurs de la Providence, amenées, il y a deux ans, par M. Hervieu, vont porter des secours aux malades, riches ou pauvres, qui les font appeler à leur domicile. Cette institution fait honneur à celui qui en a donné l'idée à nos administrateurs.

La ville alloue, chaque année, une somme de 2,600 francs, sur son budget, pour un bureau de charité, et 3,000 fr. pour un atelier de charité. L'allocation du bureau de charité est distribuée en aumônes aux pauvres honteux, tandis que l'atelier de charité, composé d'ouvriers devenus à-peu-près infirmes, est employé à la réparation et à l'entretien des chemins. C'est le maire qui dirige ces derniers établissemens.

PRISON.

Cette maison, destinée aux individus arrêtés pendant l'instruction des affaires criminelles et à ceux qui sont condamnés à moins d'un an de prison, renferme habituellement 15 à 18 prisonniers. Le pain, la soupe et la paille leur sont fournis par l'administration. Le linge blanc et un peu d'argent leur sont donnés, chaque semaine, par les frères de Charité. La nourriture se compose d'une soupe à la graisse ou au beurre, distribuée chaque jour, à midi, dans les chambrées, et d'une ration de pain d'une livre et demie.

Un prêtre vient, chaque dimanche, dire la messe dans la prison.

COLLÉGE ET AUTRES ÉTABLISSEMENS D'INSTRUCTION PUBLIQUE.

Le collége, comme on l'a vu, est placé dans l'enceinte du vieux château. On y enseigne la grammaire, les humanités, la rhétorique, la philosophie et les mathématiques. On y trouve des maîtres d'écriture, de dessin et de musique. Le prix de la pension est de 450 et 500 fr. La ville, outre les bâtimens, donne 7 à 8,000 fr. pour cet établissement. Il pourrait renfermer, s'il était complet, 120 internes et 200 externes au moins.

Le petit séminaire n'a point de cours spéciaux. Il suit les classes du collége. Le prix de la pension est de 250 fr. environ. Il pourrait contenir une soixantaine d'élèves, à ce qu'on assure.

Les frères de la Doctrine chrétienne rassemblent 200 petits garçons qui reçoivent des leçons de lecture, d'écriture, d'orthographe et de catéchisme. Des sœurs, payées par la ville, apprennent aussi à lire et à travailler à 60 petites filles, à-peu-près.

La ville renferme de plus un pensionnat de jeunes demoiselles, qui contient peut-être 40 élèves internes et externes.

Enfin, quelques maîtres brevetés donnent, chez eux, des leçons élémentaires à la jeunesse des deux sexes.

On compte que tous ces établissemens d'instruction réunis, peuvent renfermer un onzième de la population, au temps de l'hiver.

Il n'y a, du reste, à Falaise, ni école gratuite de géométrie pour les ouvriers, ni enseignement mutuel, ni aucune espèce de cours de littérature ou de science pour les gens du monde.

BIBLIOTHÈQUE PUBLIQUE, &c.

Falaise n'avait point de bibliothèque publique il y a dix ans.

Celle qui existe aujourd'hui se compose :

De sept cents volumes environ de théologie et d'histoire, échappés au pillage des abbayes, et rassemblés en 1822 ;

De 600 vol., au moins, de classiques français et étrangers, de tout genre, achetés avec les fonds annuels votés au budget municipal ;

De près de 1500 vol. d'histoires, de voyages et de littérature moderne, acquis, depuis 1825, avec le produit d'une souscription qui fut ouverte à cette époque ;

De 550 à 600 vol. donnés par le Gouvernement ou par des particuliers ;

En tout, 3,400 vol. à-peu-près, dont les trois quarts, au moins, sont des écrits publiés depuis cent cinquante ans, et d'un format in-8.º, décent et portatif. On les donne en lecture, à domicile, à ceux qui versent un abonnement annuel de 12 fr. L'établissement est ouvert deux fois chaque semaine, les mardis et les vendredis, pour qu'on vienne les réclamer.

La *Description de l'Égypte*, édition de l'Institut, et les principaux *Voyages autour du Monde*, notamment celui de l'*Astrolabe*, par M. Durville, forment la principale richesse de l'établissement.

On recueille une collection de monnaies anciennes et d'objets curieux trouvés dans le pays, pour les joindre à la bibliothèque. Plus de mille monnaies ou médailles sont déjà dans les tiroirs.

Enfin, une association de particuliers remet, tous les ans, aux bibliothécaires, les meilleurs recueils périodiques littéraires et scientifiques, pour que le public puisse en profiter ; le plus grand nombre de nos *Revues* se trouvent ainsi à la disposition des lecteurs.

Voilà quelle est la bibliothèque naissante de Falaise, qui acquiert d'un jour à l'autre une grande importance, et qui deviendra pour le pays d'une très-grande utilité.

Les places de bibliothécaires sont gratuites et purement honorifiques.

Entre les bibliothèques de particuliers, on cite, en cette ville, celle de M. de Basoches, très-complète en histoire naturelle, et renfermant de très-beaux voyages, tels que la 2.ᵉ édition de la *Description de l'Egypte ;* et celle de M. Ch. Morel, la mieux composée en livres de littérature.

On doit aussi noter la collection d'insectes et de fossiles de M. de Basoches, la collection d'oiseaux de M. Fréd. de Lafrenaye, et les collections d'insectes et surtout de botanique, de MM. de Brébisson, père et fils. Peu de petites villes renferment des dépôts aussi précieux.

SERVICE DES EAUX PUBLIQUES.

Nous avons dit que des eaux du dehors étaient amenées au sein de Falaise par des conduits de plomb. Elles viennent du midi de la ville. Leur source est à un quart de lieue, sur St.-Martin-du-Bû, en un lieu nommé *Crécy.*

Les fontaines des places Ste.-Trinité, St.-Gervais et la Poissonnerie, ont chacune quatre becs ou robinets.

Celles des places du Grand-Turc, de la porte du Château, de la Providence, et des rues du Camp-ferme et Basse-Rue, n'ont chacune qu'un robinet.

Les deux fontaines de l'hôtel-Dieu, les quatre de l'hôpital-général et les trois de la prison, sont également simples, et n'ont qu'un seul bec ouvert en même-temps.

Enfin, des fontaines simples se voient encore chez divers particuliers, au nombre de cinq ou six.

Il en résulte que le service des eaux se compose de vingt fontaines répandues sur les divers points de la ville moyenne. Le même conduit de plomb les amène depuis le *regard de la Courbonnet* jusqu'à la porte du Château. Un autre conduit se détache près de ce *regard* pour le service de l'hôpital-général et de la petite place qui se trouve devant les jardins.

Un surveillant est payé par la ville pour entretenir et pour visiter chaque jour les fontaines.

Dans le Valdante, sur la rivière, existent deux petits établissemens de bains publics, appartenant à des particuliers; ils se trouvent aux pieds des rochers du donjon, près de l'ancienne fontaine qui a conservé le nom d'*Arlette*, mère de Guillaume.

POMPES A INCENDIES. — RÉVERBÈRES.

Falaise n'a que deux pompes pour les incendies, anciennes et en assez mauvais état. On doit en acquérir prochainement une troisième. Ces pompes,

avec

avec leurs paniers, sont déposées dans les grandes caves de l'hôtel-de-ville. On les conduit à la citerne de Guibray, pendant le temps de la grande foire.

Une compagnie de pompiers est organisée pour le service des pompes, lors des incendies.

La ville est éclairée, dans l'hiver, par soixante-cinq réverbères, disposés dans les divers quartiers. Ce nombre est insuffisant, eu égard à son étendue. Les réverbères d'ailleurs sont tous anciens, et pourvus de mauvais réflecteurs. Il sera donc urgent d'en acquérir prochainement de nouveaux, sur d'autres modèles. Les rues de Guibray sont éclairées, au mois d'août, pendant tout le cours de la foire.

GRANDES ROUTES ET CHEMINS PUBLICS.

La route royale d'Angers à Caen traverse Falaise dans toute sa longueur, dans la direction du sud-est au nord-ouest. C'est par cette route, du côté d'Argentan, que l'on se rend de Falaise à Paris. Une seconde route départementale part du centre de la ville, au sud-ouest, pour se rendre à Granville et dans la Bretagne ; enfin, une dernière route départementale nouvellement ouverte, au nord, vers St.-Pierre-sur-Dive, conduit de Falaise à Rouen et dans les départemens de la Picardie et du Nord. Telles sont les principales communications que nous avons avec l'extérieur.

Un grand nombre de chemins vicinaux et communaux se dirigent, en divers sens, sur les cantons et les arrondissemens voisins ; la ville les entretient en général avec soin. On en compte neuf vicinaux et trente-cinq communaux, d'après le dernier état.

PROMENADES PUBLIQUES.

Une grande promenade, nommée *le grand Cours*, se trouve entre le rempart méridional du château fort et les jardins de l'hôpital St.-Louis. On y voit trois belles avenues doubles, parallèles, séparées l'une de l'autre par la route de Bretagne et par des tapis de gazon. La vue, vers les rochers et vers le vallon de l'Ante, au nord et au nord-ouest, est très-pittoresque et très-variée. Sa longueur est de cinq cents pas.

Ce sont les écoliers, les oisifs et les bonnes d'enfans qui fréquentent principalement cette promenade dans tous les temps. On y remarque aussi fréquemment, vers l'heure de la sieste, un groupe d'hommes graves, d'avocats et autres gens de justice, qui viennent y chercher le repos après le travail du matin.

La petite promenade, ou *le cours Labbey*, sépare Falaise de Guibray, au-dessus de la Frenaye. Le soir, on y voit une réunion de bourgeois des deux quartiers, qui s'y réunisssent pour causer. Dans le temps de la foire, la foule des promeneurs l'encombre presque toujours, et ce point devient alors très-animé et très-singulier.

Les dames et les curieux se promènent habituellement, de préférence, sur la route de Caen jusqu'à Aubigny, malgré la poussière et la boue qui rendent ce trajet presque toujours désagréable. Dans nos belles soirées d'été, on trouve les plus charmantes promenades aux environs de Falaise, surtout au milieu des rochers de Noron, et dans les environs de Longpré, de Versainville et de la Courbonnet.

MARCHÉS, FOIRES.

Deux marchés sont établis, chaque semaine, à Falaise : l'un le mercredi, et l'autre le samedi.

La halle est un des objets principaux des marchés, surtout le samedi. On y vend du blé, de l'avoine, de l'orge, un peu de seigle et du sarrasin. Les approvisionnemens de blé viennent principalement des environs d'Argentan ; ceux d'avoine et de sarrasin, du *Pays-de-Bas* ou Bocage, et enfin, l'orge, de la plaine de Guibray et du canton de Coulibœuf. — 11,000 sacs de blé, environ, 14,000 sacs d'avoine, 1500 sacs de seigle, 5,000 sacs d'orge, et 3,000 sacs de sarrasin, paraissent ainsi annuellement à la halle.

On vend de plus, aux marchés de Falaise, des volailles, du beurre, des œufs, des légumes, des fruits et du bois. Une boucherie manquant à la ville, la viande s'y vend dans presque toutes les rues centrales, et non au marché. La poissonnerie y est établie sur une place qui porte son nom.

Les différens articles de vente du marché se tiennent presque tous exclusivement sur la place Saint-Gervais. Le bois seul se trouve établi sur la place Sainte-Trinité.

On compte parmi les petites foires :

Celle de St.-Gervais, durant un seul jour, le 20 juin, pour les chevaux, les bestiaux et les laines ;

Celle de *Sainte-Croix* ou *la petite Guibray*, le 15 septembre, pouvant durer huit jours, et consacrée pareillement aux laines, aux bestiaux et aux chevaux ;

Celle de *St.-Michel*, le 1.er octobre, d'un seul jour, pour les chevaux, les bestiaux et les oignons ;

Celle de *Ste.-Cécile*, le 22 novembre, pour les bestiaux ;

Enfin, celle de *St.-Hospice*, le 21 mai, et celles de tous les samedis, depuis la veille de Pâques jusqu'à la St.-Michel, destinées également à la vente des bestiaux. Le montant des affaires, pour toutes ces foires, est porté à plus d'un million.

Mais c'est la grande foire, la foire de Guibray, qui mérite surtout notre attention et notre intérêt. Bien que très-déchue de nos jours, elle est néanmoins encore la première de toutes celles de cette contrée. Nous tâcherons, en passant, d'en donner une idée aux lecteurs de cet ouvrage.

Dès le 6, le 7 et le 8 août, les écuries de Guibray se remplissent des plus beaux chevaux, qui se trouvent presque tous vendus avant le 10, époque fixée pour l'ouverture de cette première partie de la foire. Toutes ces écuries pourraient contenir 1200 chevaux, mais il n'y en vient guère que 8 à 900. Leurs prix s'élèvent depuis 600, 800 et 1,000, jusqu'à 2,400 et 3,000 fr. Il ne s'en vend toutefois qu'un petit nombre à ces derniers prix. La masse des affaires, dans cette partie, doit s'élever, dit-on, à plus de 800,000 fr.

Il se vend de plus 400 *bidets* environ, 800 chevaux communs, 500 bœufs, 1,000 vaches, 1,000 moutons à-peu-près, le 15 et le 16 août. Ces autres ventes sont évaluées à 700,000 fr.

Ainsi, le produit des ventes de chevaux et de bestiaux, doit être porté à 1,500,000 fr.

Le 13, a lieu le déballage des marchandises, et la vente se fait de ce moment, en gros, dans les magasins. Mais ce n'est que le 15, à cinq heures du soir, que peuvent avoir lieu les livremens, et c'est aussi seulement alors que commence le détail. Voici du reste quelle est la note des objets qui composent le fonds principal de la foire, avec une évaluation approximative de la quantité des affaires qui se font dans chaque partie :

Frocs et flanelles de Lisieux, 960,000 fr. — Velours, alépines, camelots d'Amiens, 400,000 fr. — Rouenneries, 1,500,000 f. — Draps de Vire, 300,000 f. — Draps d'Elbeuf, 200,000 fr. — Flanelles et draps de Rheims, 300,000 fr. — Merceries et soieries, 600,000 fr. — Dentelles, 200,000 fr. — Orfévrerie et bijouterie, 300,000 fr. — Nouveautés, 400,000 fr. — Draps de Sedan, 150,000 fr. — Draps à poil et espagnolettes de Darnetal, 100,000 fr. — Toiles d'Alençon, Vimoutiers, &c., 200,000 fr. — Coutils et grosses toiles de Flers, 80,000 fr. — Couvertures de Paris, Orléans, Verneuil, &c., 100,000 fr. — Tricots et laines de Picardie, 200,000 fr. — Bas de Caen et d'Orléans, 300,000 fr. — Batistes et toiles de St.-Quentin, 800,000 fr. — Toiles de coton et futaines d'Athis, 200,000 fr. — Flanelles de St.-Lo, 75,000 f. — Draps de Beauvais, 100,000 f. — Cotons rouges et cotons filés de Rouen, de Condé, &c., 300,000 fr. — Flanelles, Toiles à blouses de Lille et Roubaix, 300,000 fr. — Faïence, 50,000 fr. — Parapluies, 60,000 fr. — Chapéllerie, 45,000 fr. — Indigo et bois de teinture, 700,000 fr. — Aciers, 40,000 f. — Quincaillerie de Paris, Laigle, 700,000 f.

— Armurerie, 50,000 fr. — Laines, 250,000 fr. — Cuirs de Pontaudemer, Saint-Germain-en-Laie, Harcourt, &c., 1,500,000 fr. — Bonneterie de Falaise, 260,000 fr., &c.

On peut compter un million de plus, encore, pour tous les articles moins importans, que nous avons omis, tels que la librairie, papeterie, coutellerie, ferblanterie, épicerie, horlogerie, sellerie, parfumerie, bimbeloterie, &c., &c.

Il en résulte qu'il peut se faire encore dans les foires de Guibray, malgré l'état de dépérissement où elles sont tombées, pour près de 15,000,000 fr. d'affaires courantes. Les opérations par commission ou par voyageurs, ne s'élèvent guère peut-être à une moindre évaluation. On juge par-là du reste d'importance que conserve encore cette ancienne institution.

Le détail n'a guère lieu à Guibray que pour les nouveautés et pour les branches de commerce les moins importantes. Aussi les affaires y sont-elles terminées, en général, dès le 17 ou le 18. Les jours suivans sont consacrés principalement aux comptes et aux livremens.

Le 24 est le jour fixé pour la fin de toutes les opérations, et c'est le 25 et le 26 qu'ont lieu les paiemens et les protêts. Le tribunal de commerce, la mairie et la justice de paix, qui siégent par extraordinaire, depuis le 16, à Guibray, rentrent le 26 dans la ville. L'emplacement de la foire redevient, de ce moment, aussi triste et aussi désert qu'il a été bruyant et animé pendant quelques jours.

Des comédiens et des baladins de tout genre paraissent à Guibray, pour y amuser le public.

BUDGET DE LA VILLE.

Les revenus de Falaise sont évalués, pour l'année 1830, à...................... 87,779 fr. 84 c.

Sur lesquels on impute aux dépenses ordinaires une somme de...................... 72,993 fr. 30 c.

Et aux dépenses extraordinaires, 14,796 fr. 54 c.

Le produit de l'octroi, sur la masse des recettes, est porté à près de...................... 60,000 fr.

IMPÔTS DIRECTS.

Le montant des impôts versés directement par la commune de Falaise à l'État, s'élève, en 1830 :

En impôt foncier, à............... 75,739f. 90 c
En portes et fenêtres, à........... 8,274   78
En mobilier, à.................... 22,304   66
En patentes, à.................... 22,186   16

La répartition de l'impôt foncier a eu lieu, cette année, d'après le résultat des opérations du cadastre que l'on vient de terminer.

POPULATION ; CONSOMMATION.

La population officielle de Falaise, d'après le *Bulletin des Lois*, est de 10,303 habitans.

On y consomme environ 26,000 sacs de grains par année ; 700 bœufs ou vaches ; 3,500 veaux ; 5,000 moutons ; 35,000 hectol. de cidre ; 1,500 hect. de bière ; 7,000 hect. de vins ; 250 hect. d'eau-de-vie ; 10,000 stères de bois , &c. , &c.

COMMERCE, INDUSTRIE.

Falaise n'est point une ville d'industrie ni de commerce. Le génie indolent et sans intrigue de ses habitans est peu propre aux grandes entreprises et aux spéculations hasardeuses. Le fabricant travaille modestement pour vivre en paix avec sa famille ; l'ouvrier du bas étage gagne strictement sa semaine, et ne songe point à amasser ; à peine si l'on remarque deux ou trois manufacturiers qui tentent quelques efforts pour arriver à un état de fortune supérieur à celui où ils ont été placés par leur naissance ou par leur éducation.

La *filature des cotons* est l'industrie la plus élevée. Trois manufactures principales, mues par l'eau, celles de MM. Lebaillif, Coulibœuf et Lagniel-Dujardin, et cinq à six ateliers moins importans, renferment plus de 9,000 broches, occupant près de 400 ouvriers, et livrant au fabricant 350,000 liv. de coton, à-peu-près, par année ; les affaires dans cette partie peuvent s'élever à 500,000 fr.

La *bonneterie* nourrit un plus grand nombre d'ouvriers et de fabricans, mais en leur offrant proportionnellement de moindres chances de fortune. Cent fabricans patentés possèdent, dans l'intérieur de Falaise, 1,500 métiers environ, et autant dans les campagnes, au moyen desquels ils emploient près de 3,600 ouvriers, d'âge et de sexe différens, occupés à dévider le coton, à fabriquer, à raccommoder et à coudre les bonnets. La moitié environ de ces manœuvres sont des habitans de la ville. Tous ensemble, ils peuvent livrer au commerce, par année, 170,000 douzaines de bonnets, ce qui donne par journée plus de 7,000 bonnets. On compte que le commerce, dans cette branche, peut s'élever à plus de 1,500,000 fr. pour la ville seule.

La fabrique des bonnets emploie environ quatre cents mille livres de cotons filés, sur lesquels la moitié seulement est tirée des ateliers de la ville. Le reste vient de Condé-sur-Noireau et de Rouen. Si les Falaisiens étaient industrieux, ils formeraient promptement des établissemens pour fournir eux seuls, du moins, aux consommateurs du pays, les matières dont ils ont besoin.

Trois *blanchisseries bertholiennes* sont destinées à la préparation des bonnets, lorsqu'ils sortent de la fabrique. Ces trois établissemens peuvent blanchir 60,000 douzaines de bonnets chaque année. Le reste se vend brut ou *écru*. Les produits de la bonneterie falaisienne sont envoyés dans le midi de la France, dans la Bretagne, et débités aux deux grandes foires de Caen et de Guibray.

La fabrique des *reps*, *retors* et *siamoises*, ne compte guère qu'une centaine de métiers, et autant d'ouvriers, qui produisent environ 100,000 aunes de différentes toiles ou tissus, chaque année. La somme des affaires est de 250,000 fr. par approximation.

Les *dentelles*, les *tulles brodés à l'aiguille*, commencent à prendre dans la ville, et peuvent y employer 500 femmes ou jeunes filles. Il se fait peut-être pour 60,000 fr. d'affaires dans cette partie, encore mal établie parmi nous.

La *tannerie*, autrefois très-florissante, est aujourd'hui presque tombée ; trois maisons principales et quatre autres peu importantes, renferment 40 ouvriers au plus. Les affaires sont de 400,000 fr.

La *teinturerie*, bornée à sept petits ateliers, occupe

une quinzaine d'ouvriers, et ne donne pas plus de 125,000 fr. d'opérations. L'*imprimerie*, la *fonderie de cloches*, et diverses petites branches insignifiantes, ne valent guère qu'on évalue leurs produits. Il résulte, en définitive, du relevé succinct que nous venons d'offrir, que Falaise doit renfermer une classe d'ouvriers et d'artisans qui s'élève à près de 3,000 individus à l'intérieur, et qu'en opérations d'industrie locale, de tout genre, il peut s'y faire un mouvement de 2,500,000 fr. à 3,000,000. C'est-là ce qui soutient et nourrit la moitié à-peu-près de notre population.

SERVICE DES POSTES, VOITURES PUBLIQUES, &c.

Quatre routes sont desservies, en correspondance, par la poste aux chevaux de Falaise ; celles de Paris et Angers, de Bretagne, de Caen et de Croissanville ; celle de Rouen, par St.-Pierre-sur-Dive, ne tardera pas sans doute à recevoir une pareille organisation.

La poste aux lettres, d'après la loi mise en vigueur il y a deux mois, correspond directement avec toutes les communes de France.

Il part tous les jours, du bureau des *messageries royales*, rue de Caen, ou de celui des *messageries générales*, place de St.-Gervais, une voiture de dix-huit places, pour Paris, à quatre heures du matin. L'arrivée a lieu tous les soirs, à dix ou onze heures.

Les sieurs Roucamps, à l'hôtel d'Espagne, et Lagniel, à l'hôtel de la Place, font partir tous les jours, pour Caen, des voitures de neuf à douze places, à six heures du matin et à deux heures du soir. Ces voitures reviennent de Caen à onze heures du matin et à sept heures du soir.

Le sieur Roucamps fait également partir, tous les jours, à cinq heures du matin, une voiture pour Vire, Avranches et la Bretagne, qui opère ses retours à huit heures du soir. Le bureau est pareillement à l'hôtel d'Espagne.

A l'hôtel de la Poste ou du *Grand-Cerf,* il passe tous les jours une voiture à douze places, qui se rend, du Mans et d'Alençon, à Caen, et qui se charge des dépêches et des voyageurs ; elle s'arrête pour relayer seulement. La malle-poste part du même hôtel, à minuit, et n'y revient qu'à cinq heures du soir.

Il arrive et repart également, tous les mercredis et tous les samedis, des voitures pour Argentan et pour St.-Pierre-sur-Dive, dont le service n'est pas régulier.

Enfin, l'on trouve aisément des cabriolets, des voitures et des chevaux de voyages, chez les sieurs Guillin, carossier, Lagniel, Noblet, et aux auberges du Cheval-Noir et de la Croix-Verte.

Tous ces moyens de communication avec l'extérieur, sont indépendans des services extraordinaires qui s'organisent pour le temps de la grande foire.

Les maisons Lébailly-Roussel, rue du Cheval-Noir, Maheut, place St.-Gervais, et Mlle. Lebailly, rue de Caen, font partir fréquemment des voitures de roulage pour Paris, Caen, le Maine, &c., &c.

MOEURS.

. . . .
. . . . Tout ce que nous pouvons dire, c'est qu'il existe à Falaise quatre classes bien distinctes d'habitans :

La noblesse, qui est assez nombreuse, et qui possède les plus grandes fortunes;

Les bourgeois-rentiers, qui vivent doucement dans une honnête et modeste aisance;

Les bourgeois-marchands et artisans, qui se livrent à leurs travaux paisibles, et jouissent dans leur intérieur du calme d'une vie simple et retirée;

Le peuple, peu laborieux, misérable en général, et livré, dans la plus grande partie des faubourgs, à des habitudes grossières, qui décèlent un défaut d'éducation et de bonne direction.......................

....

ADMINISTRATIONS.

Falaise, comme chef-lieu d'arrondissement, possède une sous-préfecture, un tribunal de première instance, un tribunal de commerce, une lieutenance de gendarmerie, une recette particulière des finances, une conservation des hypothèques et une direction des contributions indirectes.

Comme chef-lieu de deux cantons, elle renferme deux justices de paix, un tribunal de simple police, deux recettes de l'enregistrement pour les actes civils et judiciaires, trois notaires, &c.

Comme commune, elle a une organisation municipale dont nous avons déjà parlé ailleurs.

Le maire actuel est M. le vicomte DE LABBEY.

Le 1er. Juin 1830.

NOTES ET FRAGMENS.

N.º 1er.

Tous les passages que nous citerons du *Roman de Rou*, par Robert Wace, seront empruntés à l'édition en deux volumes in 8.º, qu'en a donnée, en 1827, M. Frédéric Pluquet, de Bayeux, avec des notes par M. Aug. Le Prévost, de Rouen. Le travail de ces deux savans Antiquaires normands est digne de toute la reconnaissance des vrais amis de notre histoire et de notre littérature nationale, au moyen âge.

Le siége de Falaise, en 1025, est ainsi redit par Robert Wace, tome I.er, page 371, vers 7,420 et ss. :

> « Faleise li kuida tolir.
> Dedenz li chastel s'embasti ,
> De homs è d'armes le garni ;
> Maiz n'i fu mie lungement,
> Kar Richart vint delivrement,
> Cil fist li chastel déguerpir,
> Et tuz sis hons forz eissir. »

N.º 2.

Wace intitule ce chapitre : *Amours de Robert et d'Harlette*, tome I.er, page 396, vers 7,991 et ss.

> « A Feleize out li Dus hanté ,
> Plusurs feiz i out converté ;
> Une meschine i out amée ;
> Arlot out num, de burgeis née ,
> Meschine ert uncore è pucele ;
> Avenant li sembla è bele,
> Menée li fu à sun lit ;
> Sun bun en fist è sun délit.
> Kant el lit al Duc fu entrée,
> De sa kemise envelupée ;
> La kemise ad devant rumpue ,
> E treske as piez aval fendue ;

Tute se pout abanduner
Sainz sa kemise revefser.
Li Dus demanda ke desveit,
Ke sa kemise aval fendeit :
N'est pas , dist elle , avenantise
Ke le plus bas de ma kemise ,
Ki à mes jambes fiert è tuche
Seit turnée vers vostre buche ;
Ne ceo ki est à mes piez mis
Seit returné vers vostre vis.
Li Dus l'en a séu bon gré ,
Et à grant bien li a turné.
Quant ensemle orent veillé pose ,
Ne voil mie dire altre chose
Come hom se joe od sa mie ,
La meschine s'est endormie ;
Juste li Cunte s'endormi ,
Li gentil Ber jut è suffri.
Quant ele out dormi un petit ,
D'une avision k'ele vit ,
Geta un plaint è tressailli ,
Si ke li Quens bien le senti ,
Demanda li ceo ke desveit ,
Ke si pleigneit è tressailleit.
Sire , dist-ele , jo ne sai
Se n'est pur ceo ke songié ai
K'un arbre de mun cors isseit ,
Ki vers li ciels amunt cresseit ;
Del umbre ki entur alout ,
Tute Normendie aumbrout.
Ço iert bien , dist-il , se dex plaist ;
Cunforta la , vers sei la traist. »

N.º 3.

Tome Ier, page 398 , vers 8,025.

    « D'icele Arlot fu un fiz né
Ki Willealme fu apelé.
Quant Willealme prismes naiski ,

Ke del ventre sa mere issi ;
En viez estramier fu muciez ,
Et en l'estrain fu seul lessiez.
Li enfez tant eschanciéra ,
Ke en l'estrain s'envelupa ;
De l'estrain ad plain li bras pris ,
A sei l'a traist è sur sei mis.
La vieille vint è prist l'enfant.
Od l'estrain plain sez bras portant :
Kel Ber , dist-ele , tu seras ,
Tant cunquerras è tant auras ;.
Tost as éu de tun purchaz.
Pleines tes mains è pleins tes bras ! »

N.º 4.

Tome I.ᵉʳ de Wace , page 399 , vers 8,059 et ss.

« Willealme fut varlet peti
A Faleise pose nurri.
Li vieil Willame Talevaz ,
Ki tint Sez , Belesme è Vinaz ,
Par Faleise un jur trespassout ;
Ne sai dire kel part alout.
Un des burgeis l'ad apelé ;
En riant ad lui a parlé :
Sire , dist-il , ço vus turnez ,
En cest ostel chaenz entrez ,
Véez li filz vostre Seignur ,
Si semblera bien à ennur.
U est , dist-il , mustrez le mei.
Aporter le fist devant sei.
Jo ne sai ke li enfez fist ,
Ne s'il plura ne se il rist ;
Quant Talevaz l'out esgardé
De prez véu et avisé :
Hunte seit , dist-il , hunte seit !
E par tierce feiz dist : Hunte seit!
Kar par tei è par ta lignie
Iert la moie mult abeissie ,

E par tei è par tun lignage
Arunt mi eir mult grant damage.
Volentiers empeirié le eust
De la parole, se il peust ;
Talevaz issi s'en turna ,
De grant pose mot ne suna. »

N.º 5.

La charte dont nous voulons parler, est de la fin du 9.ᵉ siècle.
Elle a pour objet une concession de biens communaux faite
aux habitans de Versainville , de Damblainville et d'Éraines,
par un de leurs seigneurs qu'ils venaient de racheter des
mains des Normands, dont il était devenu prisonnier au
siége de Chartres, en 997. Cette pièce est ainsi antérieure à
l'établissement de Rollon en Neustrie. Nous la citons pour sa
singularité, pour son ancienneté, et parce qu'on y retrouve
plusieurs lieux désignés sous le nom qu'ils portent encore
aujourd'hui dans le pays. *Guibray* était appelé *Vibray*, comme
Guillaume se prononçait et s'écrivait *Villaume*. *Vibray*, *vi
brayum*, signifiait *bone blanche*, selon quelques étymologistes.

Voici le texte de la charte, dont il existe des copies authen-
tiques, de 1575, au chartrier du Mesnil-Soleil et dans celui
de M. de Brasdefer, de Morteaux :

« Universis sanctæ matris ecclesiæ filiis ad quos præsens
carta pervenerit Jordanis filius Eudini filii Fouqueti de Cou-
lonces militis salutem in Christo : scitote fratres carissimi quod
cum essem in exercitu domini regis *antè civitatem Carnotensem
contrà gentem northi perfidam et crudelem ,* victus et captus Deo
permittente fui cum pluribus aliis militantibus ; Arlea vero de
Arenis avia mea misit mihi nuntium pro liberatione meâ impe-
tranda quod facile impetravi ab inimicis mediante solutione du-
centarum librarum Cœnomannensium et annuli auræi ; pro
quâ solutione faciendâ parochiani homines de *Arenis* et de *Ver-
cevillâ* et de *Damblainvillâ* se taxaverunt ultrà terminos con-
suetos et balteum cum equo et armis novis mihi dederunt :
ego vero pro remuneratione dictarum rerum dedi et concessi
in puram et perpetuam donationem totam terram vacuam non
clausam, tam in fundo pratorum quam in costis et pascuis
sitam in dictis locis juxtà ripariam de *Ante* et circà, usque
ad

ad *Bellam-fontem* per medium vallis à terminis parochiæ de *Vibrayo* usque ad crucem *Damblainvillæ* ab utroque latere dictæ ripariæ, quam quidem terram jure hæreditario mihi pertinebat et erat de juridictione feodorum meorum ; et ut dicti homines mecum in communi illam donationem teneant in perpetuum, istam cartam eis concessi et de sigilli mei munimento roboravi, promittendo eis super evangelium contrà omnes alios homines garantisare et defendere si opus fuerit ut eam terram liberé et quieté mecum in perpetuum teneant et possideant in communi, vel si opus sit excambiare eis ad valorem........ etc. »

N.° 6.

Wace s'exprime ainsi sur ce siége, tome II, page 8, vers 8,532 :

> « Faleize, k'il gardout, garni,
> De France amena soldéiers
> E buns serjens et buns archiers ;
> Li chastel volt al Duc tolir,
> Nient ne l' en deingna servir.
> E li Dus, mult surprisement,
> Fist mander è venir sa gent ;
> Cels d'Auge è cels de Cingueleis,
> Ki près furent, vindrent demaneis ;
> Faleize sempres assaillirent,
> Un grant pan del mur abatirent,
> E se li jur ne lur faillist
> Ke la nuit si tost venist,
> Mult fussent cels dedenz grevez,
> Maiz par la nuit sunt desevrés.
> Tosteins fu bien estutiez ;
> Del grand assalt fu esmaiez.
> E del mur k'il vit abatu
> E del pueple k'il a véu ;
> Cungié quist del chastel guerpir,
> E triéves prist de fors eissir,
> Issi s'en est Tosteins alez, etc. » [1]

9

N.º 7.

Ce fut Hubert de Rie qui sauva Guillaume au moment où il fuyait les rebelles du Cotentin pour gagner sa place de Falaise. Hubert le reçut un soir dans son château, l'y cacha, et, le lendemain, lui donna un cheval et ses trois fils pour le conduire promptement et sûrement jusque dans sa ville de sûreté. Wace raconte le trait de dévoûment de Hubert et de ses fils, de la manière suivante, tome II, page 23, vers 2,858 :

« Hubert l'a en l'ostel mené ,
Sun bun cheval li a livré ;
Treiz filz k'il out a apelez :
Bel filz, dist-il, muntez, muntez ;
C'est notre Seignur, conduiez
Tant k'à Faleize mis l'aiez ;
Par là è par là passerez ,
Ja mar en ville turnerez.
Li veies è li tresturnées
Lur a Hubert bien enditées ,
Ses filz unt bien tot entendu ,
Et bien sun comant unt tenu.
Tut li païs unt traversé ,
Folpendant unt passé à vé ;
Willame n istrent à Faleize ,
So il fut mal ceint, k'en peize ? etc. »

N.º 8.

Wace , tome II, page 50 , vers 9,456 et ss.

« Cels se contindrent malement ,
E parlerent vilainement,
Willeame unt asez convicié ;
Plusurs feiz li unt hucié :
La pel, la pel al parmentier ,
Pur ceo ke à Faleize fu nez ,
U peletiers aveit asez ;
Li unt cel mestier reprocé ,
E par cuntraire è par vilté, etc. »

N.º 9.

Le duc, disent les historiens et les poëtes, avait choisi Falaise pour son point d'observation et de départ, avant cette campagne. Wace le rappelle, entre autres, en ces termes, tome II, page 88, vers 10,289 :

« Li Dus out sa gent à Faleise ;
Noveles out dont mult li peise,
Tort li fet li Reis, ço li semble,
Ses chevaliers mande et asemble,
Ses castiaz fist tost enforcier,
Fossez parer, murs redrecier.
Li plain païs laira gaster,
S'il ses castiax puet bien garder.
Bien porra, ço dit, recovrer,
Et as plaines terres amender :
Ne so volt as Franceiz mostrer,
Par li païs les lait errer, etc. »

N.º 10.

Wace cite au premier rang des compagnons de Guillaume, les habitans de Rouen, de Caen, de Falaise et d'Argentan, tome II, page 234, vers 13,548 :

« Li boen citéan de Roem
Et la jovente de Caem,
E de Faleise, è d'Argentoen, etc. »

N.º 11.

Ce passage est emprunté au poëme de la *Philippide*, par Guillaume Lebreton, qui accompagnait le vainqueur de la Normandie, dans toutes ses expéditions :

Vicus erat scabrâ circumdatus undique rupe,
Ipsius asperitate loci, Falesa vocatus ;
Normanniæ in medio regionis, cujus in altâ
Turres rupe sedent, et mœnia, sicut ad illam
Jactus nemo putet aliquos contingere posse.
Hunc rex innumeris circumdedit undique signis,
Perque dies septem varia instrumenta parabat
Mœnibus, ut fractis villâ potiatur et arce,

Verùm Burgenses et præcipuè Lupicarius
Cui patriæ curam dederat rex anglicus omnem;
Elegere magis illæsum reddere castrum
Omni re salvâ cum libertatis honore
Quàm belli tentare vices et denique vinci.

Cet événement est encore brièvement reproduit dans une *Chronique métrique*, de Guillaume Guiart, intitulée : *Branche des royaux Lignages*, que vient de publier M. Buchon (*Chroniques nationales françaises.*), tom VII, page 193, vers 4,561 et suivans :

    « ˙ ... nt ost, qui pas ne s'apaise,
    Ra... ie chastel de Falaise.
    Cils doute poi lancier ne traire ;
    Mes li bourjois et Lupiquaire,
    Qui nul secours d'Anglois n'atendent ;
    Dedenz six jours au roy se rendent,
    Sauves leurs choses et leurs vivres, etc. »

Le dépôt d'Artur dans le château de Falaise, a été mentionné par les deux mêmes auteurs, en quelques vers que nous allons citer :

    « .... *Fit publicus omnibus hostis*, (*Joannes*)
Qui mox Arturum jubet ut Falesica turris
Inclusum servet, donec deliberet ipsum
Qualiter interimat ita cautè, quod neque ab illo,
Nec per eum quisquam sciat interiisse nepotem......
..
Non tamen invenit præsens instantia quemquam,
Qui tanti vellet sceleris patrator haberi, etc. »
    PHILIPPIDOS, lib. VI, apud Duch. Tome V,
      page 166.

    « Celui fait-il emprisonner,
    Chargié de fer, moult à malaise,
    En la mestre tour à Falaise, etc. »
        Royaux Lignages, page 137, vers 3,020.

N.° 12.

Cette relation est empruntée à Martial d'Auvergne, dans son poëme des *Vigiles de la Mort du feu roi Charles-Sept*, publié avant la fin du 15°. siècle :

« Ce jour fut assiegé Falaise
Par Poton bailly de Berry
Du Bureau arti a malaise
Et fut ung tantinet marry
Il conduisoit lartillerie
Mais des que les angloys le virent
En grant bruyt tumulte et cricrie
Saillirent sur luy et ferirent
Poton si vint a son secours
Avec ses gens sus pie sus bille
Et frapperent tant de coups lours
Qui les chasserent dens la ville
Pendant le roy partit de Caen
Pour venir aupres de Falaise
A sainct Salvin vers Argenten
En ung lieu ou il fut tresaise.
Et tantost apres sa venue
Les François Falaise assaillirent
Qui ne fist pas grande tenue
Ains traictié et tresves requirent
Dunoys par le commandement
Du roy a eulx parlamenta
Et fist illec lappointement
Lequel tint comme il traicta
Cest assavoir quilz devoient rendre
La ville dedens certains jours
Ou ce quilz ne scauroient defendre
Et q ne leur viendroit secours
Pourveu que Talbot leur maitre
Qui étoit prisonnier à Evreulx
Et quilz repu oient leur bras destre
Seroit delivré quant et eulx
Si fut la journee attendue
Mais les angloys ne vindrent point

> Par quoy la ville fut rendue
> Et la eut le roy par ce point
>   Atant les angloys de Falaise
> Estant mil cinq cens combatans
> Se partirent tous en mesaise
> Et de la ville mal contens
>   Pour le sire de Talebot
> En estoit chief et chavetaine
> Angloys messire Audry Tabot
> Puis Poton en fut cappitaine
>   Quant Talebot fut deschargie
> Et delivre comme bon homme
> Il vint au roy prendre congie
> Disant quil sen alloit à Rome
>   Le roy luy fist acueil joyeulx
> En parlant a luy longuement
> Et par ung adieu gracieulx
> Luy offrit des dons largement, etc., etc.... »

N.° 13.

Nous donnons cette pièce curieuse qui n'a jamais été publiée que par Rymer, tome IV, partie 3.°, page 31 :

« *Capitulation de la ville de Falaise.* (1417.—20 déc.)

C'en suit le traité et appointement,

Dit, fait et accordé le xx jour de decembre, en l'an M. CCCC et XVII, par entre nous Thomas conte de Salesbury, Henry sire Fitz Hung, John Cornewail, et William Harington chivalers, à ce commys par le tres excellent roy de France et d'Engleterre, nostre soveraine seigneur de l'une part, et d'austre part, par les nobles chivalers Messieur Guillem de Melhou, Messieur Gilbert de Monstier seigneur de la Fayette, capitains des gens d'armes et de trait dedens *la ville de Falloise* a compagnie, en leur compagnie sur le fait dudit traitié le seigneur de Granville.

Les diz de Meulhou, de la Fayette et de Granvillé purposantz et les faisantz fortz d'avoir et aiantz pouoir du capitain du chastel et de *la ville de Faloise*, si bien que des autres capitaines des gens d'armes et du trait, d'en vauger et traittier sur la déliverans de *ladite ville de Falloise* en les mains des susditz tresexcellent Roy nostre soveraine seigneur ou en les mains des autres, à ce de par luy commys par la fourme et manere, et selonc l'appointement des articles, que s'ensuient.

Premierement est dit, traittes et accordé que le seigneur le Lungley, Monsieur Guillam de Meulhole seigneur de la Faiette, ou l'un d'eulx, avec le consentement des autres capitaines des gens d'armes et du trait en dedans ladite ville, rendront ii. jour de januer prouchein venant, en dedens heure de tierce, en les mains des susdits tresexcellent Roy nostre soverain seigneur, ou en les mains d'autre de par luy à ce commys, la suisdite *ville de Faloise ;* se ensy ne sori que ladite ville soit rescous par bataille de sa personne ou personnes du roy lour seignour, le Dauphin son fitz aisne, ou le constabi · de France ; et sur le Roy de mettre, ou fairre mettre en ladite ville tielle garnison como il luy pleira.

Item. Est dit, traittez et accordez que tous les estrangiers estoans pur le present dedens ladite *ville de Faloise,* que ount est trouves, depuis la descent des susdit Roy nostre soveraine seigneur en la duchie de Normandie, en la resistance de luy ou des siens, fuist en la ville de Caen, ou en aucune forteresse, ou luy en sa persònne cit este devant, ou autres de ses subgiz par son commandement, icelles suisditz estrangiers se mettront du tout en la grace et mercy du Roy nostre dit soverain seigneur.

Item est dit, traittez et accordez que les suisdits capitains des gens d'armes et du trait seront tenuz, et de foic acquiteront, renderont, et delivreront, a suisdit jour de la rendue de la *ville de Falloise,* toutz les prisoners englois, soubgie, vassaulx, obesans et autres tenans la partie du Roy nostre dit soveraine seigneur, que feurent le primer jour de cest present traitté et appointement, en la ville suisdit ; sans ce que aucun empeschement soit mis aux ditz prisoners par ascuns de leur maistres à present, ou en temps avenir, soit par sommer, requerir ou demandre en aucune manere que ce soit ; mais finalement toutz les maistres desditz prisonners renonceront à leur prisonner toutz leur foitz, promesses ou serementz que lesditz prisonners puissent avoir faitz a cause de leur dite prinse , en aucune manere que ce soit, ou poet estre , et ce sans fraude ou mal engyn.

Item est dit, traittez et accordez que les suisnommez capitaines , avecques les autres capitaines , bailleront et delivre-ront, hors de ladite *ville de Falloise ,* en les mains du commises le Roy nostre dit soveraine seigneur, toutz les Englois natifs , Galois , Irrois et Gascoignes , que avant cestes heures ont tenuz la partie d'Engleterre , que sont pur le present dedens ladite *ville de Falloise ,* si ascuns en y a.

Item est dit, traittiez et accordez que nuls des capitains de gens d'armes et du trait, souldiers , bourgois , communes ne autres , par le present esteant et residens dedens ladite *ville de Falloise ,* n'en donront , ne souffreront estre donez fortelliement des gens d'armes , ne du trait, socours ne relevement des armures , artilleries , trait, poudre , canons , ne autre comfort quelque ce soit , à ceux du chatel (hors mys vivres) pendant le dit traittié et appointement.

Item est dit, traitez et accordez pareillement que nuls des capitains , des gens d'armes et du trait susdites , souldeurs , bourgois , communes ne autres de ladite *ville de Falloise ,* ne receivront , ne souffreront estre receus , ne tire hors dudit chastel de *Falloise* le capitain d'icelles , ne nul d'icelle garnison ne outres pur le present residentz au dit chastel ; et pareillement et serront lesdits suisnomez tenus , tant pour eux comme pur les autres de leur compagnie , de non tirer hors dudit chastel nuls des biens de ceulx , soubz oumbre de leurs biens , de la ville ne soubz umbre de cest present appointement et traittié.

Item sur cés le Roy nostre soveraine seigneur, de sa grace , a ottroie aux susdits capitaines des gens d'armes et du trait , si bien que aux souldeours et autres de la dite ville de Faloise , leurs chevaulx , leur hernoys , et touts leurs aultres biens queconques , hors mises artilleries , trait , pouldres , canons , arbalestiers , et baudrois pour arbalestres qui demoureront en la dite ville : pourveu que les estrangers (dount le second article dessus fait mention en cest present traitée) ne recourrons point de benefice ne de privilege de ces present article , se non a la grace et mercy du Roy nostre soveraine seigneur.

Item ont promis les susdits de Meulhou, de la Fayette et de Granville, sur leur honnours avecque le consentement de tous les autres capitains de la ville susdite, que pendant cest present appointement, ils ne ferront ne suffreront estre faiz de ditz artillerie susdite null bruleres rumperies, transportement ne autre destruction queconque.

Item est dit, traittez et accordez que pendant cest traitte; de ladite *ville de Falloise*, ne serra fait, ne suffre estre fait nulle reparemens fortetfiement, ne afflebissement des murailles, en nulle manere que ce soit; mais demoureront ladite ville et les murailles en mesme l'estat en quey ils sont à primer jour de cest present traitté et appointement.

Item est dit, traittez et accordez que pendant cest traitté, les estrangiers qui sont en la *ville de Faloise*, ne feront sur les habitans de ladite ville nulle robberies, pilleries, ne autres effortmens queconques; et s'aucuns meffaisours le font, les ditz capitains des gens d'armes et du trait soient tenuz de faire prest justice et execution sus ledit meffours; ou en defaute de ce lesdis meffaisours du forfaire le benefice de leur saufconduit.

Item est dit, traittez et accordez que par les capitaines susditz nommez, ne par autres dedens ladite ville ne serra fait, ne suffre estre fait, nulle transportement des ornementz, joiaulx, réliques de sainte eglise (soient de ladite ville ou d'autres eglises ou religeouses de dehors) les queux ont esto, ou puissent estre, retreis dedens ladite ville pur occasion de la guerre ou autermont.

Item est dit, traittez et accordez que par les susditz de Meulhou et de la Faiette, ne autres capitains des gens d'armes et du trait, dedens la *ville de Falloise*, ne par nuls de lour compaignie, ne serra porte ne suffre estre porte, ne amesne, a leur departement, soubz ombre de cest appointement, hors de ladite ville nuls autres biens queux conques, se non leurs propres.

Item est dit traittez et accordez que toutz les capitaines des gens d'armes et du trait dedeins ladite *ville de Falloise*, avecque toutz yceux de leur compaignie, voideront hors de la *ville de Falloise* ledit second jour de januer, endedens soleil couchant; se ainsi n'est que le rescous se fait come dessus est déclare.

Item le Roy nostre soveraine seigneur, de sa grace, a ottroié et ottroie a toutz et a chescun des gens et habitans en ladite ville de Faloise qui voudront demourer et faire residence en ladite ville, licence de y demourer et attendre seurement sans ce que ascun empeschement leur soit mis ne donne du lour corps, n'en leurs biens, meubles et heritages, ne possessions dedens ladite ville ; mes enjouiront paisiblement, come leurs propres choses, a present et en temps avenir, come ils povoient faire au devant la rendue de ladite ville ; par ainsi que les dits, ainsy vuellantz demurer et enheriter demurent gens lieges et obessans au Roy nostre dit soveraign seignour, et a ses heires et successours.

Item est dit traittez et accordez que, pendant ladit traitté et appointement nulle manere de guerre ne serra fait entre ceux de l'oost nostre dit soveraign seigneur, et ceulx de la ville et garnison *de Faloise*. Pourveu qu'il soit toutdiz entendu que la chastel de Faloise, ne nuls en icelle, soit, ne soient comprises en cest present abstinence.

Item est dit, traitte et accorde que sur cest present traitte et appointement les suisnomez Messieurs Guillam de Melhou, Monsieur Gilbert de Monstiers seigneur de la Faiette, ovec le consentement de toutz les autres capitaines des gens d'armes et du trait dedens ladite ville de *Falloise*, bailleront et delivreront dusze gentilx hommes, chivalers et escuiers notables, en hostages ; lesquelx leur serront rebailles au jour que dit est, les ditz de Meulhou et de la Faiette tenans ce qu'il ont promis et promettent en cest dit traitté.

Et par cest traitte et appointement bien et loialment entertenir de nostre partie, avons les susdits, Thomas cont de Sarum, Henri seigneur fitz Hugh, John Cornewaille et Guilliam Haryngton chivalers, mises à cest cédule d'appointement nos seaulx, pur greignur affirmation de veritee et loiaultee devant la ville de *Faloise*, le susdit xx jour du moys de decembre, et l'an susdit, &c. »

N.º 14.

Nous l'avons déjà donnée à la page 177 du tome I.er de la *Statistique* de cet arrondissement :

HOS AQUARUM FONTES
PLUMBEIS MANANTES ALVEIS
INSTRUXIT
D. D. LALLEMANT, COMES DE LEVIGNEN,
SUPREMUS REI AERARIAE ET POLITICAE,
APUD ALENCONIENSES PRAEFECTUS.
URBS FALAEZIA
LEVE QUIDEM, SED QUOD ETERNUM
VELIT, AMORIS HOC ET GRATITUDINIS
MONUMENTUM
EREXIT,
REGNANTE LUDOVICO DECIMO QUINTO
ANNO CHRISTI MVCCXXXV.
CURAVERVNT D. NICOLAUS
DE SAINTE MARIE, EQUES,
URBIS VICE-COMES
MAIOR JURIDICUS, REI
POLITICAE PREFECTUS, ET
GUIBRBARUM NUNDINARUM
JUDEX SENES-CALLUS,
ET D. NATALIS ANDRE,
EQUES, REGIS ADVOCATUS.

N.º 15.

Cette chanson est de M. Poupinet. Elle a été insérée par Dibdin, dans son *Voyage en France* :

LA NAISSANCE DE GUILLAUME-LE-CONQUÉRANT.

RONDE.

Air : *La Boulangère a des écus.*

De Guillaume-le-Conquérant
  Chantons l'historiette,
Il naquit, cet illustre enfant,
  D'une simple amourette.
Le hasard fait souvent les grands...
  Vive le fils d'Arlette,
    Normands,
  Vive le fils d'Arlette !

Fille d'un simple pelletier,
  Elle était gentillette ;
Robert, en galant chevalier,
  Vint lui conter fleurette :
L'amour égale tous les rangs,
  Vive le fils d'Arlette,
    Normands,
  Vive le fils d'Arlette

Falaise dans sa noble tour
  Vit entrer la fillette ;
Et c'est-là que le dieu d'amour
  Finit l'historiette...
Anglais, honorez ces amans ;
  Vive le fils d'Arlette,
    Normands,
  Vive le fils d'Arlette !

Guillaume assembla ses guerriers
  Au son de la trompette :
L'olive embellit ses lauriers ;
  Sa gloire fut complette,
Ah ! vivent de tels conquérans...
  Vive le fils d'Arlette,
    Normands,
  Vive le fils d'Arlette !

N.º 16.

M. de la Frenaye a publié le premier ce curieux morceau dans sa *nouvelle Histoire de Normandie*, page 426 et suivantes. Notre intention avait été d'abord de l'offrir en entier ; mais comme il est très-long et déjà connu, nous nous bornons à donner, pour échantillon, les soixante-huit premiers vers, qui sont au nombre des plus originaux :

« A Faleise esteit séjornanz
Li bons dux Robert li normanz ;
Mult li ert li leus covenables
E beaus é sains é délitables.
C'esteit uns de ses granz déporz
Qu'od Danzeles, ce suis recorz ;
Un jor qu'il veneit de chacier
En choisi une en un gravier,
Dans le ruissel d'un fontenil,
Où en blanchisseit un cheinsil ;
Od autres filles de borgeis
Dunt aveit od li plus de treis.
Tirez aveit ses dras en sus,
Si cum pucelles ont en us,
Par enveisure é par geu,
Peeres quand sunt en itel leu.
Beaus fu li jorz, é li tens chauz,
Ce que ne covri sis bliaux,
Des piés é des jambes parurent,
Qui si très beaus et si blans furent,
Que ce fu bien au Duc avis,
Que neifs eit pâle é flors de lis
Avers la soe grant blanchor ;
Merveilles i torna s'amor.

Fille ert d'un borgeis la pucelle,
Sage é corteise é proz é bele,
Bloi et od bel front é od beaus oils
Où ja ne fust trovez orguilz ,
Mais bènignite é franchise ;
Si n'en fu nule mieux aprise,

E s'aveit la color plus fine
Que flors de rose ne d'épine :
Nés bien séant, bouche et menton,
Rien n'out plus avenant façon,
Ne plus bel col, ne plus beaus braz ;
Iteu parole vos en faz
Que gente fut é blanche é grasse,
Eissi que les beautés trepasse
Des autres totes du regné.
Poi vos ai dit de sa beauté
A ce qu'en ert, ce sachez bien.
Li Dux la volt sor tote rien.
Par un chevalier mult sené,
E par un chamberlanc privé,
En fist à son père parler,
Et le jor querre é demander
Et pramettre tant et offrir,
Que bien le deveit consentir ;
Li la amer de grant amor,
Puis li dorra riche seignor ;
E cil s'en escondist assez,
Qui mult se tint à esgarez,
De tot le mieuz ert de Faleise ;
Por ce li desplaist mult et peise,
Qu'il ne la donge en mariage
Od le conseil de son lignage.
De plusors part li ert réquise,
Si ne vousist en nule guise,
Que a nul homme à son vivant
Fust ne meschine ne soignant.
Ne fust un suen frère, un seint hom,
Qui out de grant relligion,
Qu'in Govert out son ermitage,
Qui li destolli cume sage,
Sans faille l'en eust foïe,
Ou fust saveir, ou fust folie,
Icil l'en fist sa païs aveir
  D'en consentir et d'en voleir, etc., etc. »

N.° 17.

Ce sont les adieux de l'auteur au monument :

« Adieu page éloquente à demi-déchirée,
Faste monumental d'une illustre contrée ;
Capitole normand, Parthénon de nos bords,
Tes échos réveillés retiendront mes accords !
J'ai visité la tour, immortelle colonne,
Que de ses premiers feux l'astre du jour couronne,
Et du haut de son front, planant sur les coteaux,
J'ai du charmant Valdante admiré les tableaux.
Donnant un libre essor à l'élan qui m'anime,
J'ai touché l'arc-en-ciel et j'ai sondé l'abîme !
J'ai pleuré, j'ai frémi ; l'espace m'inspirant,
J'ai senti dans mon cœur quelque chose de grand :
J'ai tiré des soupirs de mon luth funéraire ;
J'imitais le sorbier, arbuste solitaire,
Qui livre aux vents du soir ses perles de corail,
Et comme le berger je retourne au bercail.
Adieu donc, monument de notre vieille France,
Contemporain des preux qu'un juste hommage encense,
Je m'éloigne à regret de tes vivans débris,
Car les palais sans rois sont mes plus chers abris.
Il semble, en contemplant les ruines antiques
Des temples dévastés et des châteaux gothiques
Qu'elles ont un pouvoir qu'on ne peut définir,
Et qu'il est un passé vainqueur de l'avenir ! »

FIN.

TABLE.

TABLE.

FIN DE LA TABLE.

FALAISE, Imprimerie de BRÉE l'aîné. (1830)